为你朗读

子鱼/著

GUANGXI NORMAL UNIVERSITY PRESS
广西师范大学出版社
·桂林·

为你朗读
Wei Ni Langdu

出 品 人：柳　漾
编辑总监：周　英
项目主管：孙才真
策划编辑：柳　漾
责任编辑：陈诗艺
助理编辑：韦　莹
责任校对：郭琦波
装帧设计：赵英凯
责任技编：李春林

图书在版编目（CIP）数据

为你朗读 / 子鱼著. —桂林：广西师范大学出版社，2018.7
（魔法象. 阅读学园）
ISBN 978-7-5598-0568-3

Ⅰ. ①为… Ⅱ. ①子… Ⅲ. ①读书方法 Ⅳ. ①G792

中国版本图书馆 CIP 数据核字（2017）第 330428 号

广西师范大学出版社出版发行
（广西桂林市五里店路 9 号　邮政编码：541004
网址：http://www.bbtpress.com）
出版人：张艺兵
全国新华书店经销
长沙鸿发印务实业有限公司印刷
（湖南省长沙县黄花镇黄垅村黄花工业园 3 号　邮政编码：410137）
开本：880 mm × 1 240 mm　1/32
印张：8.375　　字数：180 千字
2018 年 7 月第 1 版　　2018 年 7 月第 1 次印刷
定价：29.80 元

序

听故事，幼儿的学习渴望

林文宝/台东大学儿童文学研究所荣誉教授

读图时期是幼儿学习的初始阶段，孩子最早接触的书籍当属图画书。幼儿对文字符号总是充满好奇，他知道这是有意义的，只是自己不懂。他好奇地看着父母念这些符号，一则则生动精彩的故事出现了，他的一双大眼睛盯着图画书的图，一对小耳朵听着父母讲的故事。翻开图画书，故事就跑出来了，他的内心满是惊奇、激动、期待。孩子这时正做着影响自己一生的事情——学习。

图画书有一股神奇的力量，在孩子处于图像思考的阶段，它能拓展孩子的想象空间。孩子的成长不能缺少图画书的滋养，滋养最佳的方式就是由身为照顾者的父母讲故事给孩子听。在幼儿成长发展的阶段，智力、语言等方面的发展都有一个关键期，也就是“最佳时期”，它是学习黄金时期，有时也称学习敏感期，幼儿大脑的神经元会急速伸展突触，产生联结，形成网络。父母要提供合适的学习途径，让孩子的大脑能完整地发育。

父母会问，那该怎么做呢？其实简单有效的方式就是“阅读”，方法就是“讲故事”。虽说智商发展受到遗传的影响，但环境产生的影响更大。“环境”也就成了幼儿学习成长的关键。这个环境是父母可以创造的，它是人为可以营造的，孩子的智商是大人可以协助创造的。处在学习黄金期的孩子需要一把打开智慧大门的钥匙，那是启蒙的行为。启蒙是钥匙，启蒙不必是教训，它可以从一本图画书开始。父母讲故事，钥匙打开门之后，门后是一片阳光世界。

图画书非常重要，讲故事也非常重要，而故事该怎么讲、讲什么、说完之后如何延伸，这都是父母应该知道的。图画书大师松居直提到，图画书不是小孩子自己读的书。它是需要父母与幼儿一起读的。学习是在故事中潜移默化。这一本《为你朗读》就是将这些要领告诉照顾者。朗读，不只是朗读；讲故事，不只是讲故事。此书融入了多元的观点，让图画书在故事的说演上更具变化。一本图画书的应用方式，不只是打开书，把故事念给孩子听。“念故事三部曲”提供照顾者多元善用图画书的方式：朗读前，介绍与猜测；朗读中，朗读、理解与复述；朗读后，回顾、思考与延伸活动。总之，善用一本图画书，让朗读与讲故事的应用方式更丰富。这是一本讲述图画书如何在讲故事的过程中发挥功用的工具书，为照顾者提供更多的思考，思考如何为幼儿朗读与讲故事，打造幼儿最佳的学习环境。

朗读一本图画书，应先了解图画书，图画书不是带插画的书。为孩子讲故事，应知道怎么讲故事，讲故事不是为了说教。创造以图画书为主的阅读与讲故事的环境，不会让孩子在幼儿成长阶段留白。这一段学习黄金期将奠定孩子一生的学习基础，父母需要充分了解。幼儿听故事不只是出于阅读需求，更多的是对学习的渴望。一个美丽的画面，如书中所提："孩子希望我们给他念故事，是希望听到我们说话的声音，加入故事情节的声音。让孩子坐在腿上、依偎身旁或靠在胸前，他会手舞足蹈，很满足，很快乐。共读的情感理由是有助于培养亲子间绵密细腻的感情，这种感情是自然、原始、持久的，且是最有价值的。"

目录

第一章

以声音启发孩子阅读

神奇的第六个月

阅读从胎教期开始

给孩子好声音

婴幼儿需要声音来学习

与外界隔绝的孩子

以阅读培养基础学习能力

神奇的第六个月

站在父亲的角度，我要来谈谈我与孩子的阅读。父亲与母亲同样重要，都是孩子最初的老师。作为天生的教育者，你要怎样教导宝宝？我的建议是，从阅读开始。阅读不只是读书，有效的话语也是一种阅读，从孩子还是胎儿时就可以开始。你会觉得很神奇，不过事实就是如此，千万不要错过胎教的机会。

记得孩子还在妈妈肚子里的时候，我每天都会和他说说话。孩子是上天赐给父母的礼物，比财富还要宝贵。父母期待新生儿的到来，试着和他讲话吧！充满祝福的话语，他会听得见。

为他取个乳名，是极佳的主意。乳名不见得在孩子出生之后才给予，在他还是胎儿时就可以取了。那时我想：“取什么样的乳名好呢？”希望与祝福往往蕴含于乳名之中。这非正式的名字，是专属于父母的亲昵的称呼，会为父母与孩子添一分亲密感。我喜欢菩提树，所以给孩子取名为小菩提。这有深深的祝福在里边，也是期盼他平安健康地来到人间，更希望他有智慧。

“小菩提！小菩提！”当我要和他讲话时，我总是这样呼唤他。当我分享经验时，我会把这美妙的感觉讲出来。

我常跟他这么说，并且一直反复地说：“小菩提，爸爸妈妈的心肝宝贝，你是最棒的小小孩，你是小天使，你将要来到我们家。小菩提，爸爸妈妈会给你最多的爱。你会平平安安、健健康康地来到我们家；你会平平安安、健健康康地长大；你会充满智慧、身体强壮，还会拥有好运气。”

“小孩都还没出生，你给他取乳名有意义吗？还有，叫他的名字，他哪会知道啊？跟他讲这么多话，他能明白吗？”有人充满疑惑，提出这样的问题。

人很奇妙，当人还是胎儿，在妈妈肚子里大约六个月的时候，他就已经能听见外面的声音了。他的听觉已经发展好了，他听见的是羊水的声音，还有妈妈的心跳声。这声音对他而言是熟悉的，让他有安定的感觉。适当地给宝宝外界的声音，因为这声音对他而言是必需的“阅读”，毕竟他将要面对这外面的世界。如果声音是美好的、温柔的、安定的，无疑是极佳的刺激。

身为准爸爸（或准妈妈），你要跟宝宝讲话，为他唱儿歌，还要为他播放适宜的古典音乐。胎教具有一定的功能，当宝宝还在妈妈肚子里时，可以先培养他稳定的心性。

因此，在面对别人的疑问时，我总是笑着说：“宝宝怎会不知道！他会踢踢妈妈的肚子做出回应。小小的脚丫子，踢在妈妈的肚皮上很明显。”

胎动有一定的规律，在胎动出现时，你的温柔絮语，宝宝会感受得到。胎教能教宝宝些什么呢？初始的阅读来自父母充满关怀、希望与温柔的暖语。他会有感觉的，这会在他的脑中形成印象。

初冬，孩子出生了，护士抱出来给我看，我叫着：“小菩提！小菩提！”

我不会忘记，他睁着灵动的大眼睛，挥舞着小手寻找熟悉的声音来源，他知道我在叫他，他有反应。“小菩提”是他还在妈妈肚子里时，我不断呼唤的词语。他知道这个词语、这个声音，还有许多温柔的话语，他都知道。

听觉系统的早熟，使听觉成为胎儿与外界联结的初始，父母的声音是胎儿最为熟悉的。在母亲怀胎时期，你可以发出声音让胎儿感受，他也已经可以接收最早的声音阅读了。与胎儿的对话会成为属于他的声音数据，胎儿会在他的脑海中建立声音档案。他能与父母在情感上产生联结。熟悉的声音是令人安心的讯号，这让胎儿有安定感与幸福感。

妈妈除了隔着肚皮与小菩提对话，还会播放古典音乐给小菩提听。比如，莫扎特、巴赫、维瓦尔第的协奏曲。选择温柔的乐曲，那和谐的声波，对胎儿脑力与情绪的发展很有益处。

我尝试与小菩提对话，自编简短的故事讲给他听，或者给他念童诗、为他唱歌，这都很好，有安定他情绪的作用。亲子交流可以从宝宝尚在胎儿时期就开始，这个时期宝宝可以感受到父母对他的满满的祝福。因此，最好不要错过宝宝的胎教时期。你也许不确定宝宝懂不懂，他不需要懂，他只需被爱与被关怀的感觉。

当小菩提听见我们为他准备的声音时，他就能感受到暖暖的爱。他会踢妈妈的肚子，这就是他的反应，表现的是他愉悦的心情。

别轻视胎教带来的效果。声音让胎儿初次对世界产生欢喜的感受，这也是影响宝宝日后语言发展、情感连接、情绪稳定的重要因素。

别担心声音透过羊水传递会模糊。虽然宝宝在妈妈肚子里听到的声音会有点像在水里听到的声音，也没有关系。也别认为他根本听不懂，以为这么做根本是多此一举。熟悉感来自不断重复，重复就会熟悉，熟悉就会产生情感。与宝宝建立情感可以以声音作为开始，从他还未出生就去进行。

阅读从胎教期开始

孩子阅读从胎儿时期就可以开始了，准确地说，是从神奇的第六个月开始。胎教期的阅读，你可以怎么做呢？

项目	做法	效能
乳名	在宝宝还是胎儿时，为他取一个乳名——简单、亲昵的名字，例如：贝贝、糖糖、飞飞等。 他已经是家里的一分子，你应以乳名呼唤他。	用乳名呼唤胎儿，他会知道这是属于自己的名字。
对话	妈妈感觉胎儿在肚子里动时，这是与他对话的最好时机。 使用充满感性、祝福、希望与期待的话语，亲昵地叫他的乳名，传递爱与关怀。 声音要轻柔、温和，且需要不断重复。	让他有熟悉感、亲切感，知道父母对他的爱与期待。
儿歌	找一首简短的儿歌，摇篮曲是不错的选择，请为胎儿轻轻地唱。 曲子结束之后要重复，不断重复地轻唱。	重复唱一首儿歌，会让胎儿产生熟悉的感觉，有安定作用。
古典音乐	准备音乐播放的设备。 选择轻柔、温和的古典音乐。 妈妈养成听音乐的习惯，听适合胎教的古典音乐。	和谐的声波，对胎儿脑力与情绪的发展具有益处。

胎儿六个月大时，听力已经完成发展，声音对他而言开始具有意义。这时，父母应该与胎儿对话，给他唱歌、放音乐，你会发现一种无形的情感已在你们之间建立。阅读的建立从声音开始，也从胎儿时期开始。

给孩子好声音

你应该持续跟处于婴儿期的孩子讲话，胎教时期他已经可以听到你说的很多话语了，这些话语他是熟悉的。想促进孩子的语言发展，你就必须借话语来刺激他的脑神经。所有的语言都是模仿而来的。你的声音对宝宝而言是具有意义的。

当孩子在妈妈肚子里的时候，他就已经感觉到了声音始终存在于四周。孩子出生之后，他对这存在于生活中的声音感到既熟悉又陌生。这会引起他深深的好奇。

拿一串钥匙在婴儿的上方摇动，会发出叮叮咚咚的声音，无论怎么变换钥匙的位置，他总会好奇地转头寻找声音的来源。声音对孩子学习很重要，耳朵是孩子用来学习的最重要的器官。婴儿每天暴露在有声环境中，当他逐渐察觉到声音是如何被制造与变化的时候，有助于他日后通过声音去学习。

当小菩提还是婴儿的时候，我更勤于与他对话。他看我发出声音，自己也发出一长串声音与我呼应。我听不懂他在说什么，但看到他开心大笑的样子，我知道他的心情很好，他感受到了我们之间的亲情。妈妈也会温柔地跟他对话，话语里充满祝福。

那是一种感动，声音也许没有明确的意思，却有意义，我与小菩提都知道。有一种情感正在我们的心里流淌。声音，是最早启动宝宝学习的按钮；声音，是宝宝初始认识世界的按钮；声音，是打开宝宝“阅读脑”的按钮。好声音能让宝宝感受到温暖，且能稳定宝宝的情绪，因此，它也是“良善、喜悦与安全”的按钮。

我延续胎教时期的做法，总是心满意足地跟小菩提讲讲话，妈妈总是唱着儿歌或播放柔和的音乐给小菩提听。我们爱听古典音乐，喜欢巴赫和莫扎特，小菩提也就跟着聆听巴赫、莫扎特的音乐。我有时也给小菩提讲自编的故事，或者拿起图画书，指着图画讲简单的故事情节。

当你传递声音给幼儿之时，声音已不只是一般的声音了。幼儿要的是好声音。

什么是好声音？

轻声细语、温和柔美是音质的要领；对话与故事、音乐与歌谣是形式的表现；正面、阳光与赞美是内容的要求。好声音对孩子好个性、好心情的培养具有潜移默化的影响，能让孩子好好学习，进而培养他们的自信心、爱心，让他学会关怀他人，并对生活抱有希望。

注意“赞美”这个词语，宝宝最需要赞美。我说：“小菩提，眼睛大大，笑得好可爱，你是棒棒的小孩。”

他有时笑声盈盈，有时没有反应。可能有人会说：“宝宝这么小，怎么会懂？”我不在乎他懂不懂，只在乎我与他有没有良好的互动。爸爸妈妈用好声音与宝宝互动，孩子会感到很幸福。

粗声、恶语、噪声、责骂与不友善的话语，会令幼儿恐惧、焦虑，心情变坏，甚而会让他就此产生负面的情绪。所以身为父母，不可以在孩子面前吵架，甚至说话声音大一点点都不可以。你以为宝宝不知道？他是不知道具体内容，但他会感应到，他的情绪会受到影响，这会造成他不稳定的情绪。婴儿时期的孩子很敏感，身为父母不可不察。

你可以念童谣、唱儿歌、讲故事、与孩子对话，这都是必须要做的事，可以归类于广义阅读。孩子需要刺激，任何事情对他而言都是新鲜的，这新鲜的感受都有助于经验的养成。阅读刺激就是最好的方法。

我喜欢给小菩提唱儿歌或念童谣。这种“韵谣”的声音，充满韵律与节奏，是令人愉悦的，也是宝宝最容易感受的方式。我想起在我还是幼儿的时候，父亲唱给我听的儿歌。他告诉我，他在我还是婴儿的时候就开始唱了。我上了幼儿园，他还时常给我唱呢！这首《摇篮曲》我会记一辈子：

风儿你要轻轻地吹 / 鸟儿你要轻轻地叫 / 我家的小宝宝 / 快要睡着了

风儿你要轻轻地吹 / 鸟儿你要轻轻地叫 / 我家的小宝宝 / 已经睡着了

宝宝的眼睛像妈妈 / 宝宝的鼻子像爸爸 / 宝宝的嘴呀 / 又像爸来又像妈

睡着了吧 / 妈妈的小娃娃 / 醒来带你去看花 / 看花到了外婆家

声音带动幼儿认知，当幼儿的学习关键期慢慢开始时，需要父母协助他去完成。在孩子成长过程中，父母是孩子最早的启蒙老师。因为父母的声音已经启动他的学习按钮，打开了他认识世界的大门。

婴幼儿需要声音来学习

之所以一直强调声音的重要性，是因为声音直接影响孩子学习。当孩子在幼儿时期，环绕在他周围的是声音。声音是创造幼儿学习环境的要素之一，也是增进孩子智商、情商的关键，给孩子好声音是必要的，方法也很简单。

照顾孩子的人，称作照顾者。照顾孩子是爸爸妈妈的责任，而照顾者也可以由爷爷奶奶或外公外婆担任。聘请来照顾孩子的保姆，幼儿园里的幼教老师等教育者，都是照顾者，大家都应该创造好声音。所以，你是好声音的守门人，直接引导孩子阅读。你可以通过朗读图画书里的故事来创造好声音，孩子的世界由此开始变得绮丽非凡。

在小菩提的成长阶段，我和他妈妈会和他对话，更是时常念图画书里的故事给他听。三岁的小朋友有一股稚气，天真又活泼，他那可爱的样子，让人打心底疼爱。我们用温柔的声音赞美他，唱儿歌给他听，抱着他讲图画书里的故事，有时我也会自编故事讲给他听……那真是一段美好的时光。我时时刻刻都在营造舒服、愉快的环境，让他感受幸福和快乐。这些好声音使他有好心情。下面提供几个你可以给孩子创造好声音的方法。

项目	做法
听音乐	提供音乐给孩子听，除了儿歌，还可以与孩子一起聆听古典音乐或专为幼儿设计的音乐。
观察声音	当不同的声音响起，借机告诉孩子这是什么声音，让他观察与认识其他声音的存在。例如：雷声、雨声、风声。
声调的变化	引导孩子认识不同声调的变化，了解声音高低起伏的变化。例如：低音、高音。
器具的声音	引导孩子认识不同器具发出的不同声音。例如：鼓声、敲汤匙的声音、拍桌子的声音。
押韵的语言	带孩子学习有押韵的语言，除念给他听，最好能引导他一起念出来。例如：儿歌、童谣、绕口令。
制造声音	制造温柔、安详、悦耳的好声音。例如，轻柔地哼歌声、柔和的琴声、肯定的赞美声、安抚的话语、念书的声音。
朗读	带领孩子进行阅读，从朗读开始。朗读一首童诗、儿歌；朗读一本故事书；朗读一本图画书。
回应	当婴儿发出咿咿呀呀的声音时，你要有反应，你要温柔地回应；你要与幼儿进行简单的对话，当他发问时，你要有回应。

以上是几个容易做到的方法。你只要用点心在创造好声音上，不要不耐烦，孩子初始的阅读能力就在你的用心中逐渐被培养。这些都是在日常照顾孩子之时，可以随时进行的。声音是教育孩

子的桥梁，它在潜移默化中逐步发挥作用。别小看这简单的方法，你要有意识地制造好声音，这对婴幼儿十分重要，它的影响很深远，不可不重视。

因为，孩子在学习关键期几乎全是靠声音的传递进行学习的，然后孩子的基础能力会被奠定。身为爸爸的我与他妈妈除了照料小菩提生活上的大小事，每天一定通过好声音与他进行亲子交流。小菩提从婴儿、学步儿到幼儿，除了听我们念故事，很长的一段时间里，是声音驱动他认识一切，这成了亲情互动的基础，同时他也完成了学习关键期的一切基础能力的学习。

与外界隔绝的孩子

声音，是对话的开始，也是学习的开始。但只是通过声音与宝宝互动显然是不够的。有意义的叙事话语，带给孩子的是深入的学习，能为宝宝开启共读之门。别轻忽幼儿学习关键期。通过以下两个真实故事，我们可以探索学习关键期为何这么重要。

在美国伯恩斯，一位名叫奥纳西斯的高中二年级女生，正在家中的阁楼里，偷偷给自己的宝宝喂奶。这个刚刚出生的孩子叫阿瓦罗，他是一个与世隔绝的男婴。阿瓦罗不哭不闹，喝完奶乖乖睡去，醒来后两眼骨碌碌瞪着阁楼天花板，自己跟自己玩。

奥纳西斯和班上的男同学谈恋爱，一不小心怀孕了。她怕事情被别人知道，在生下孩子之后，把孩子藏在自家的阁楼上，除了到时间喂奶，她若无其事地过着少女生活。阿瓦罗除了与未成年的妈妈有短暂的接触，完完全全与外界隔绝。

阿瓦罗在阁楼里，仅得到妈妈对他身体上的基本照顾，没有人与他互动，他的世界是停滞、呆板、空白的。他与外界的接触被阻绝。没有人与他对话，他就没法学习。没有任何引导他学习的声音，他的大脑就处于一片空白。当阿瓦罗被发现的时候，已经七岁了。

阿瓦罗不会讲话，也不会走路，更别说保持干净或自己吃东西。他表情呆滞，感情更是麻木，对任何人、任何事没有一点情绪，更别说产生兴趣了。

为了使阿瓦罗能适应社会，研究者付出了极大的努力去教育他，但成效甚微。七岁，应该是孩子活泼、爱动、好发问的年龄，但人们在他眼中见到的只是令人失望的空洞一片。

十二岁，阿瓦罗去世，死前他也只学会了一些单字和短语，从未讲出完整的句子。他学会了摆积木、刷牙、洗手与玩玩具。他也已学会走路，但走起路来摇摇晃晃，很笨拙。他的智龄仅有三岁。

还有一则案例，发生在辽宁省的一个村子。

在一个大雪纷飞的冬日，小女孩王显凤正窝在猪窝里，吸着温暖的猪奶，抱着小猪入眠。她是一个“猪孩”。什么是“猪孩”呢？就是母猪养大的孩子。

为什么王显凤会窝在猪圈中让母猪养大呢？就在她出生几个月后，母亲罹患脑膜炎，虽然被救回一命，却成了智力障碍人士，她整天两眼空洞，表情呆滞，问她问题也不会回答，只是傻笑，什么也做不了，更无法照顾小女孩。

王显凤的父亲是一个聋哑人。每天忙着工作挣钱，根本没时间照顾她。在农村，家家户户都会养一头大母猪，生些小猪崽好卖钱贴补家用。小猪崽出生后都会拱在母猪怀里喝奶。王显凤整天有一餐没一餐的，呆呆地躺在炕上，常常饿得哇哇大哭。当她学会爬行之后，为了填饱肚子，她开始翻身下炕，四处找东西吃。

有一天，她不知不觉爬进了猪窝里。刚出生的小猪崽挤在一起吸着猪奶，王显凤本能地挤开小猪，然后拱在母猪的肚皮下喝奶。母猪似乎不讨厌这“小猪”，也就大方地让她吸吮乳汁。王显凤吃饱喝足了，也得到了温暖，她干脆抱着小猪依偎在母猪怀里睡着了。

晚上，父亲回家看不到女儿，着急地四处寻找，后来竟然在猪窝里找到女儿。“怎么跟猪挤在一块儿？”父亲心想。他将女儿抱回炕上睡觉。第二天早晨，父亲喂饱女儿之后，匆匆忙忙赶到工地上班。王显凤饿了，她没有哭，又本能地爬进猪圈里，跟着小猪崽一起喝奶。

他的父亲回家后在炕上找不到她，然后又在猪圈里发现了王显凤。他心想：“母亲不能照顾女儿，猪窝里有奶喝又很温暖，母猪代替母亲也不错，我也比较放心。”

从此以后，王显凤与猪为伍。她看到的是猪的行为，自然学习猪的行为；她听到的是猪声，自然学习猪的叫声；她喝到的是猪奶，也就视母猪为自己的母亲。

王显凤十一岁时，身体非常健壮，乍看之下，她的外表和其他女孩没什么两样，但她喜欢和猪玩耍，趴在猪身上蹭，和猪一起在泥地上打滚，还大口大口吸猪奶。经过智力测验，她的智商显示只相当于三岁孩子的水平。

包括著名的“狼孩”在内，世界上有多起这样的案例，然而，为什么会这样呢?

奥地利心理学家洛伦兹提出“关键期”的观点。在幼儿的成长发展过程中，有一系列的关键发展期或敏感期，又称作“学习关键期”。

在关键期内，幼儿期的学习是奠定未来学习发展的基础，尤其是语言能力发展。一旦错过了这关键期，以后的学习就会变得非常困难，甚至无法学习，智商、情商也很难得到发展，就如阿瓦罗与王显凤这两个案例。

以阅读培养基础学习能力

发展心理学家发现，智力、语言等方面的发展都存在一个关键期，又可称之为“最佳时期”。

这个最佳时期，准确来说就是零岁到六岁这段时间，也就是婴儿、幼儿时期，请你利用好这个时期。若要往前延伸就是胎儿时期。你应该为孩子创造一个良好的学习环境，简单有效的方式就是阅读，而你也要参与其中，参与的方式就是讲故事。

智商的发展，主要受到遗传与环境交互作用的影响，在幼儿时期发展最快。学习最佳时期也从这个时候开始。注意“环境”这个关键词，环境是教育者或照顾者可以创造的，可以是人为营造的。换个说法，孩子的智商是大人可以影响的。

怎么做呢？答案很简单，从声音开始，声音从故事开始，而故事从阅读开始。

有句话说得好：“父母是孩子的模。”简言之，孩子的行为、言语与思维都是在模仿父母。进一步而言，孩子的行为、语言与思维都是在模仿照顾者，在模仿的过程里，孩子就在不知不觉中培养了基础学习能力。

然而，学习又不能“不知不觉”，“不知不觉”是一件非常危险的事。唯有循序渐进，系统化、专业化、整体化与适切的学习，才能培养孩子完整且又没有偏差的基础学习能力。

为什么基础学习能力很重要？基础学习能力的养成过程，我们可称之为“幼教”“早教”。这是两个关键时期，你若是没有照顾好孩子，孩子的学习就容易陷落，行为就容易发生偏差。

有句话说：“三岁看终身。”引申其义，幼儿时期的行为模式，将会影响孩子成人之后的思想、行为。身为照顾者不能不在意。你要有一个观念：想在学习关键期启发孩子的能力，就要培养孩子的基础学习能力。

虽然，我们每日与孩子相处，亲密互动已是一种社会化的过程，但这只是教养的必然过程，养成的是生活本能，并未涉及属于孩子本身能力的开发。“开发”是一个关键词——在关键期培养孩子的基础学习能力，就是为了诱导孩子其他能力的开发。

在孩子认知未成熟之前，我们要教什么？要用什么来教？父母都有一个心愿，希望孩子将来都比自己强。父母都很用心，但用心要用对方向。所有照顾者都有责任为孩子铺就一条快乐学习的路，这条路应充满阅读的氛围。你的方法就是讲故事，而讲故事最容易操作的方式就是朗读。

孩子最喜欢什么？答案很简单，就是游戏。孩子很忙，忙什么？

当然是忙着游戏。

我为小菩提买过一辆玩具汽车。进入幼儿时期的小菩提在玩小汽车时，会专注于自己想象的开车情境之中：他在一张有路线图的地毯上，循着道路推动车子，嘴里念念有词，煞有介事地扮演司机。他这是在模仿我。

我在一旁静静地欣赏，不去干扰，我发现这是一种享受。他投入游戏之中，这也是他的享受。游戏是高度社会化学习最重要的过程，但如果只是玩耍，没有开发孩子的能力，游戏的意义也就会降低了。

如果赋予游戏正确的教育认知，就会很高明。让孩子在游戏中学习，孩子可以接受，学习也最快速、最有效。那什么样的游戏最能达到效果？答案很简单也很容易，就是阅读。讲故事是带领孩子阅读的有效方法。因此，你必须是故事达人。

讲故事是游戏，讲故事是阅读，讲故事也是教育。讲故事是“潜移默化”教育移植中最有效益的。孩子听故事，就是让孩子在故事中培养基础学习能力。讲故事的引导作用正是阅读的激活作用。

最幸福的孩子，是既学到、玩到、体验到，又开发了能力的孩子。整体渐进的故事课程规划，就是一点一滴地为孩子进行潜能开发。阅读需要故事，故事也是迷人的“糖衣”，是重要的“甘草”。故事支持阅读，你应该为孩子朗读，在朗读中带领孩子进入故事。

第二章 以故事启蒙孩子

以故事作为启蒙的载体

用故事喂养宝贝吧

故事提供学习线索

故事能为幼儿预先储备经验与知识

故事，让你把爱释放出来

以故事培养孩子的读写能力

以故事作为启蒙的载体

我是一个故事爸爸，常常为小菩提讲故事。带着他阅读图画书，在床头讲故事让他入睡。妈妈也会这么做。那种感觉真好，真的是“为爱朗读”。后来，他自己翻阅图画书，指着书中的图画自己编故事。小菩提很有想象力，语言发展能力也很好，讲出的想法有时令人惊奇。很多人认为讲故事是妈妈的事情，我要说的是爸爸也有责任讲故事，有时孩子更期待爸爸讲故事呢！

学习关键期需要故事。注意“关键”这个词，打个比方，它就是一把“钥匙”。将学习比作一道门，在进入这道门之前，总得打开门吧！但门被锁住了，我们得拿钥匙开锁。

当锁被打开之后，门后会是给孩子探索的新奇世界。这个为孩子开锁的动作很重要，你做的动作就是这样的“启蒙”的行为。“启蒙”不是教训。它是给孩子提供学习工具，我们换一个说法，就是“学习如何学习前的学习”。这是基础学习能力的开始。

再举一个例子，木匠要徒弟做一张书桌，如果徒弟连锤子怎么用、锯子怎么使都不知道，纵使木匠将桌子的制作过程非常仔细地跟徒弟说明白，这会有用吗？徒弟真会做桌子吗？

他连锯子、锤子都不会用，怎么做桌子？所以，木匠教导徒弟做桌子之前，要先教他怎样使用这些工具。先学会使用锯子、锤子，再来制作桌子，这才是有效学习，也就是基础学习能力。

相同的道理，要孩子学习，先要教他如何学习。这个如何学习的过程就是“启蒙”“如何学习”的“学习”。要让孩子先学习什么？我想你可以做一些简单的事，比如朗读故事给孩子听，带领孩子阅读图画书。

我们教养孩子，不能只是喂饱孩子就行，那和养小动物没什么两样，你应以故事作为“启蒙”的载体，让孩子在边学边玩、边玩边学之中慢慢奠定基础学习能力。这时启蒙就开始了。

你知道的，孩子喜欢图画书，所以早期阅读离不开图画书。孩子人生的第一本书可以说就是图画书。讲故事时，图画书正是最好的选择。日本图画书大师松居直说：“图画书不是让小孩子自己读的书。”换句话说，它是大人念给孩子听的书。他还说：“对于读图画书而言，读书就是读故事，通过图画书读懂故事。对孩子而言，就是把故事这个眼睛看不见的世界变成在他自己心中看得见的画。那种能力，也就是一直被称为想象的能力。”

有父母问我如何选择一本图画书。我说：“最起码你要毫无理由地喜欢这本书。”我喜欢《猜猜我有多爱你》。问我为什么？既然要介绍好书，总要说个理由。可我的回答是：“没有什么理由，就是喜欢。”

翻开《猜猜我有多爱你》，你看那小兔子的“萌样”！小兔子与大兔子比赛谁爱得多，他们之间的互动，让人看了忍俊不禁。这是一本很适合亲子阅读与讨论的书。

故事梗概：

小兔子要大兔子猜猜他有多爱她？小兔子张开手臂说：“这么多。”大兔子张开手臂说：“我爱你有这么多。”于是，两只兔子玩起来了。比较谁爱谁更多。最后小兔子太困了，想不出来，然后睡着了。

《猜猜我有多爱你》封面及内页

爱是没有办法衡量的，就算是“我爱你一直到月亮那里，再从月亮上回到这里”，爱还是不能计算。爱就是爱，可以说出口，更要放在心里慢慢地感受。那种浓郁的感觉，山姆·麦克布雷尼试图用文字写出来，安妮塔·婕朗则试图用图画表现出来。他们共同完成了《猜猜我有多爱你》，此书的图文表现了亲人之间的爱，但我认为更重要的是图文背后那股说不出来的亲情，那才是最珍贵的。它非常适合你与孩子共读：你抱着孩子，翻开它，指着图，一字一句地大声朗读给他听。

我念这本图画书给小菩提听，他喜滋滋的，感受到了我对他的爱。《猜猜我有多爱你》的图文不只传递爱，还有一份淡淡的幽默，让人很温暖。我念故事时，随着情节的发展，小菩提一会儿张开手臂，一会儿伸高手臂。虽然他安静地坐在我的腿上，但还是会挥动双手，问：“你爱我是不是这么多？”我回答：“你爱我这么多，就是我爱你这么多。”

我也喜欢另一本书——《美味的仙女馅饼》。孩子不爱吃蔬菜，你要如何让他吃呢？童年时候的我就极度讨厌苦瓜、青椒，认为那是恶心的蔬菜。图画书具有隐喻的性质，不但写出了孩子的心声，还巧妙地引导孩子，让孩子得到你期待给他的教育。

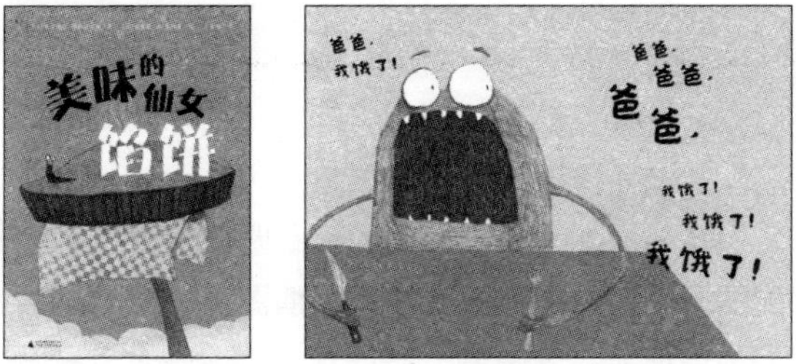

《美味的仙女馅饼》封面及内页

当你的孩子不爱吃你准备的食物或吃饭慢吞吞时怎么办呢？法国图画书作家埃斯科菲耶与法国插画家贾科莫合著了这本《美味的仙女馅饼》，他们在幽默中表现出贴近孩子生活的现象。当你读完之后，幽默的图文会让你捧腹而笑。此书的内容将孩子的心理完全呈现出来了，而且无形中也“诱导”了孩子吃下营养的食物。

故事梗概：

蟾蜍爸爸为儿子准备了香喷喷的仙女馅饼，其实馅饼的馅是营养的鼻涕虫。儿子提出一大堆问题，就是不想吃。爸爸很有耐心，一一回答了儿子的问题。儿子提出若吃下馅饼，爸爸就要表演飞行。爸爸当然答应了。儿子吃下馅饼后，蟾蜍爸爸从窗口跳了出去，他真的飞起来了。

精彩的故事总令人惊奇又意想不到。我为幼儿园的孩子讲过这个故事。蟾蜍儿子大喊还要再吃，蟾蜍爸爸说：“在冰箱里。”其实，这个故事里有浓浓的教训意味，教训孩子吃饭不可以偏食。但因为故事很幽默，转折也多，把孩子会有的表现精彩地呈现了出来。

我在讲《美味的仙女馅饼》时，是采用说演的方式，并且搭配图画来讲。适当地带孩子表演图画书中的故事，也就是进行具有创造性的戏剧表演。我们是在说说演演中完成这本图画书的阅读的。

你也许会问：“孩子获得了什么？”在我看来，不求孩子获得什么，须思考我们给了孩子什么。孩子只要享受阅读，听完故事很快乐就好。那些所谓的道理就让它们“潜移默化”去吧！在阅读过程中，孩子正奠定你看不见的基础学习能力，很微小，但很重要。

当一个幽默、有趣的爸爸或妈妈吧！在欢乐的氛围里，孩子更愿意听从你的教导。你为孩子讲过笑话吗？精彩的故事会让孩子一辈子都记得，其实笑话也是一样。笑话其实在某种程度上是儿童文学的一部分，但往往被忽略。幽默是力量，它更能凝聚彼此间的情感，传递更多的能量。

小时候妈妈讲给我听的故事，到现在我都还记得。她讲给我听的笑话，我也都没有忘记。

有一天，小明半夜起来喊着：“妈妈！我要尿尿！快！我要尿尿！”

妈妈说：“尿尿不好听，要说唱歌，懂了吗？”

“懂了！”

过了几天，小明半夜又起来，喊：“妈妈！我要唱歌！快！我要唱歌！”

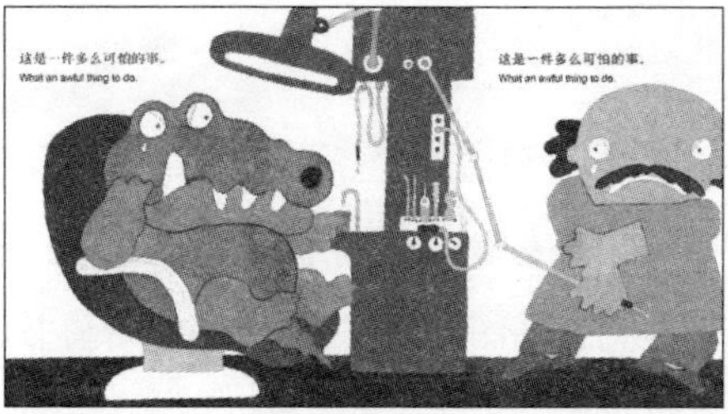

《鳄鱼怕怕 牙医怕怕》封面及内页

“这么晚了！唱歌会吵到别人，可不可以不要唱？”

“不行！我一定要唱。”

“要不然你在我耳朵边小声唱？”

那时，我才五岁，咯咯咯笑个不停。这是一则笑话，因有明确的情节，也可以看作简短的故事。幽默的故事、滑稽的故事都是幼儿的最爱。许多图画书都有幽默的内涵，别说孩子喜欢，就连大人也很喜爱。

日本图画书作家五味太郎作品中的图画总隐藏幽默，幽默的背后又有深刻的含义。我认为他是幽默大师，他的作品不露痕迹地展现趣味，让人阅读时能够玩味其中之妙。

《鳄鱼怕怕 牙医怕怕》这本图画书，情节简单到你都不知道该怎么讲。图是会说话的，就让图来讲故事吧。图画的表现有重复性，书的一面是鳄鱼，另一面是牙医。“我真的不想看到他，但是我非看不可。”于是，故事就开始了。他们都很怕对方。鳄鱼怕牙医弄痛他的牙，牙医怕鳄鱼咬痛他的手，他们的害怕都隐藏在图画的背后，读者单看他们那表情就会觉得有趣极了。这本图画书有没有隐喻？有！告诉孩子要刷牙，保护好牙齿，这样就不用去牙医那儿接受治疗还受罪。“所以，我一定要刷牙。”

五味太郎说：“用画来说明文章，或者用文章来说明画，都不是真正的图画书。”我理解的图画书是，图在讲故事，文字也在讲故事。文字与图各自讲故事，却又相辅相成。他的图画书做到了，而且特别幽默，能引起孩子浓郁的兴趣。幽默是力量，它可奠定孩子基础学习能力，所以，千万不要忽视了幽默的效果。

用故事喂养宝贝吧

如果你是故事高手，别忘了自编故事，这是随时随地都可以做到的。只要掌握一些人、事、地、物的线索，抓一个简单情节，把角色拟人化，就能编出故事。

我常常讲故事给小菩提听，他是在洋溢着故事的环境中长大的小孩。在他四岁的时候，一个有月亮的秋夜，天气凉爽，我牵着小菩提的手，走在公园的木栈道上。经过池塘边的时候，我们听见池塘里传来一阵又一阵的蛙鸣。

爱发问的小菩提问：“那是什么声音？”

我说：“那是青蛙的叫声。”

“青蛙？”他马上联想到图册上的图案，然后，他又问：“青蛙为什么会叫？”

我没有直接回答。我说：“你仔细听！青蛙怎么叫？”

“呱！呱！呱！”

“是啊！”我要他再仔细听听看，还有没有第二种叫声。

“国！国！国！”他听了一会儿回答。在呱呱呱的声音中，间歇传来国国的叫声。他注意到了。

他又说："我还听到给！给！给！给！的叫声。"

"是啊！"音频较高的蛙鸣声，他也听到了。

幼儿总是要大人为他讲故事，即使情节很简单，他也会觉得很好。我开始尝试编一个故事。

月亮倒映在公园的池塘里，又圆又漂亮。青蛙哈姆看见了，情不自禁地说："好美啊！"

哈姆心想，这么美丽的月亮，我应该邀请好朋友一起欣赏。他鼓起肚皮，叫着："呱呱呱！"

他的朋友听到了，都跑来欣赏水里的月亮。他们高兴地唱着歌："呱呱呱！国国国！给给给！"

有一只青蛙说："我们唱大声一点儿，唱给月亮听。"

"呱呱呱！国国国！给给给！"他们唱得更大声了。

我煞有介事地接下去说："青蛙为什么会叫？因为要唱歌给月亮听嘛！"小菩提满意地点点头。

编一个故事，只要孩子感到快乐，满足处于发问年龄的孩子的需求即可。这个年龄段的孩子充满想象力，并不在意故事是否符合生活真实。

我们开心地牵着手走回家，一路上学着蛙鸣："呱呱呱！国国国！给给给！"

许多年后，我问起他这件事时，他对我说："我还记得。"

我相信故事是一种情感的联结，故事可以成为生活的一环。

以喜悦的心情去经营生活，生活会变得美好，这需要我们习惯去经营。讲故事会让心情变得愉悦，值得我们每天反复去做。

你不要只是喂养孩子，有故事的环境能启迪孩子的智力。如果养孩子只是喂饱孩子，让孩子睡好、不生病，注意保证孩子的安全，这岂不跟养小狗小猫没什么两样？

让故事成为年幼的孩子成长时生活的一部分。这个时期的孩子应该被故事“喂养”。这里指的“喂养”，是在生活当中不断地、不断地提供故事，就像喝奶、吃饭一样自然而然且必须。用故事“喂养”孩子，是你必须具备的能力，而这种能力的培养，就是从朗读一本图画书开始。

松居直说：“孩子们都知道，听别人读故事比自己看更有意思。这正是故事书中口语的力量，倾听是揣摩语言秘密的一种愉悦秘密。”孩子有了故事充实生活，至少可从三方面获得利益：孩子生活更丰富有趣；亲子间的关系更融洽；孩子读写能力的启蒙。然后，基础学习能力就在潜移默化中慢慢养成。

故事提供学习线索

这个世界对孩子而言，一切都是未知的、新奇的。他们内心充满好奇，很想探知世界，也因为好奇，他们才有学习动机。故事能反映一些经验，提供学习线索。孩子也因阅读预先储备了经验与知识。

在你具有技巧性的阅读引导下，孩子可以通过故事学习。比如小菩提问我青蛙为什么会叫。童话何需真实？充满浪漫想象，也是很好的。在故事的引导之下，虽不是“正确”的知识，但我传递了“分享”的观念，这有意想不到的效果。

故事如何让孩子的生活丰富有趣？孩子可以通过阅读得到意想不到的益处。我就以我与小菩提的互动来说明，从《青蛙的故事》来分析这其中的妙趣。

给孩子接触不同信息的机会

小菩提听到青蛙的叫声后，我模拟了至少三种声音，他问我，青蛙不是只会呱呱呱叫吗？我告诉他，青蛙还有国国国、给给给等叫声。不同种类的青蛙，叫声不一样。我回家之后，上网找出不同的青蛙让他看，让他知道原来青蛙有很多种。

从提出疑问到获得满意的解答

爱发问的小菩提，需要答案来满足。青蛙为什么会叫？我当然可以找出标准化的答案来说明，但我尝试以故事替代标准答案，让这答案情节化。也许答案充满想象，但他得到答案了，内心会有一种满足。

灌输新的观念

小菩提凭借认知类图画书认识青蛙。他第一次听到青蛙叫，在通过一次提问，认识青蛙之后，马上联结在图画书上得到的经验。我再凭借不同的蛙鸣声，找出不同青蛙的图案让他认识，将新概念灌输到他的小脑袋瓜里。

体会故事的语言、节奏与情感

幼儿最爱有节奏、韵律的语言活动，声音是联系情感的桥梁，故事是最好的传导载体。

提供新经验，同时联结旧的经验

我为小菩提讲《青蛙的故事》，虽然这个故事是我一时兴起编的，但小菩提曾在图画书或图片上见过青蛙，青蛙对他而言是熟悉的。提供声音作为孩子新的经验时，孩子能马上结合旧经验，完成对知识的扩充。

新鲜的经验变成熟悉的经验

当小菩提得知青蛙的叫声不只是呱呱呱时，他瞪大了眼睛，露出了不敢相信的表情。在之前，他接触的图画书与儿歌中的青蛙叫声都是呱呱呱。那天我们听到了青蛙不同的叫声，才引发他新的思考。在听完我的故事与解释之后，这经验对于他就成为熟悉的经验了。

为单调的常规生活注入新活力

故事有魔力，能让生活充满惊奇。我若只是牵小菩提的小手散步，他当然也会很快乐。但因为发现了青蛙的叫声，我们进行了一次对话，并在对话中掺入故事元素，使那一场散步变得不一样了。

增进想象力

《青蛙的故事》是我随机应变想象出来的，我想，作为照顾者，要有充沛的想象力。故事几乎可以说是想象的产物，它提供充分的想象空间让孩子融入其中，孩子会结合游戏玩得不亦乐乎。小菩提听完《青蛙的故事》之后，他的游戏里，多了一个池塘，池塘里多了想象的青蛙。

在互动中增进情感与乐趣

那是一次愉快的散步，小菩提在那个青蛙故事的氛围中享受到了那具节奏感的声音的乐趣。有趣的故事能为孩子带来欢笑，增进亲子间的情感。我喜欢为孩子念故事，亲子阅读总是在轻声细语中完成。

故事能刺激并扩展孩子的能力，去想象超出他们日常生活中所熟悉的事情。《青蛙的故事》仅是一个情节简单的故事，它无意中扩展了小菩提的真实经验。

故事能为幼儿预先储备经验与知识

我讲故事时，会利用有趣的声音变化，融入一点点想象，带出的是无限的想象空间与趣味。你要与孩子产生丰富的互动，讲故事是不能少的，它像吃饭、睡觉一样，是需要自然地去做的一件事。

图画书始终具有魔力，阅读产生的效应，在你翻开图画书之后就能体会到。就以乔恩·艾吉的《我不想当小孩》来说明，你

《我不想当小孩》封面及内页

这么做，就会得到相同的效果。

《我不想当小孩》的故事一开始就提出“当小孩很辛苦”。小男孩布莱恩列举当小孩的沉重负担给父母听，要上学、踢足球、遛狗、照顾妹妹。他觉得很累，所以，决定退休。

他的父母还真为他举行了退休派对。他搭飞机去退休中心过日子去了。布莱恩和一群退休的老人一起生活，他们打牌、打球、钓鱼、睡饱饱的午觉，他觉得快乐极了。但是，有一些老人的活动让他开始受不了。老人告诉他，可以想一些以前的事情。布莱恩想起足球比赛时踢进球的兴奋；想起通过了数学测验；想起哄妹妹咯咯笑。他决定中止退休生活，然后就回家了。

故事情节就是“离家—回家”的模式，但其中的变化却耐人寻味。我来为这本图画书做个分析，看看它是不是会对幼儿产生影响。其实当你朗读它的时候，这本书的魔力就已开始产生了。

项目	做法
给孩子接触不同信息的机会	读完图画书，我会拿“退休”一词来与孩子讨论。布莱恩有童年倦怠症状，决定从小孩状态“退休”。孩子可能不是很清楚“退休”是什么意思，你可以借机告诉他。所谓退休，就是指一个人工作了很久，他老了，应该离开岗位了，而且他不用工作，也可以享受很好的生活待遇。这样，孩子就了解这个词语的意思了。
从提出疑问到获得满意的解答	或许孩子会提出疑问：布莱恩这么小，为什么要退休？这是因为布莱恩不满当小孩的生活，他觉得压力很大，他有童年倦怠症状。我会反问孩子，小孩刚要学习，就想退休，你的看法是什么？也许孩子的答案五花八门，无论他们的想法成熟与否，他们都在思考。站在孩子的立场，我会说“当小孩很辛苦，但学习后获得的快乐比退休还快乐”等积极性语言。
灌输新的观念	对一件事情的看法，有消极与积极两面。布莱恩讨厌当小孩，感到当小孩很辛苦，他很厌烦。退休生活让他感到无聊，于是想起了过去的生活，这让他燃起希望。朗读完这本书，我会灌输给孩子积极的观念。其实这本书“反讽”意味浓厚，可以探讨的议题很多。认真扮演好自己的角色，做好自己该做的事，会是我想跟孩子说的话。
体会故事的语言、节奏与情感	图画书的妙趣在于图文结合，读文字，更要读图，两者配合，形成节奏。练习踢足球、拉小提琴、上声乐课、带“火星”遛弯儿、照顾妹妹、把蔬菜吃掉，这些都成了布莱恩的负担，让他抱怨不停。看看图中布莱恩的表情，十分耐人寻味，图文搭配，读者可以感受到他不满的情绪。

续表

项目	做法
提供新经验，同时联结旧的经验	这本图画书的可爱之处，在于作为小孩的布莱恩不想当小孩。布莱恩不满生活，向父母提出退休的请求，他想去退休中心过退休生活。对孩子而言，不当小孩，模仿大人就是一个新经验，如同小女孩穿妈妈的高跟鞋一样。但他本身就是一个小孩，他应该去踢球、拉琴、遛狗等。既然是孩子，还是要认真当一个孩子。
新鲜的经验变成熟悉的经验	孩子会对退休生活感到好奇，书中提到了布莱恩到退休中心生活。布莱恩在退休中心，可以打牌、打高尔夫球、钓鱼、看球赛，还可以听老人讲过去的事情、看纪录片，有时还会不小心坐上老人放在沙发上的假牙。孩子开始对老人的退休生活有所了解。
为单调的常规生活注入新活力	这本图画书的叙事以“离家－回家”的模式表现。开始，布莱恩的小孩生活貌似负担很重。退休生活确实为他的生活注入活力，但毕竟那是老人过日子的方式，他开始觉得这样的生活单调、无聊，让他厌烦。布莱恩选择回家，就这样，他发现了积极的学习方式，只要努力达标，小孩的生活就会非常有乐趣。他的小孩子生活开始变得不一样，充满了活力。
增进想象力	图画书的美妙在于容许丰富的想象力在书中呈现。一个小孩，人生还没开始，就想着退休。图画作家乔恩·艾吉运用想象力创作了这一本耐人寻味的图画书。容许孩子发挥充沛的想象力，自己要先有想象力。与孩子一起读一本超棒的图画书，可以不断激发想象力。

续表

项目	做法
在互动中增进情感与乐趣	让人难以置信的是，当布莱恩提出退休的想法时，他的爸妈竟然答应了，还帮他举办了退休派对。当我指着图朗读给孩子听的时候，一个关于小孩退休的不可思议的故事，已经引起了孩子极大的兴趣。有些事情不一定非要等到退休才可以做，其实随时都可以做。“讲故事？”“对！讲故事，还有骑自行车。”为孩子讲完《我不想当小孩》后，我们就一起到河滨公园骑自行车去了。

故事，让你把爱释放出来

当你为孩子朗读一本图画书的时候，你正在释放爱。孩子能感受到一种温暖的情感在温柔的声音中传递。你要讲床前故事，让孩子在故事中入眠，对于孩子而言是莫大的幸福。我为小菩提讲故事，尤其是床前故事。我认为这是爸爸更该去做的事情，孩子会在暖语中感受到爸爸的爱意。我为他讲图画书故事，更多的是民间故事，还有童话。直到小菩提上小学三年级，他自己大量阅读时，我才停止给他讲故事。不过，我偶尔还是会给他讲床前故事。我喜欢朗读故事，声音的传递总是吸引人的。为你朗读，也是“为爱朗读”。

爱幼儿、亲近幼儿是人的一种情感本能，那么故事是与幼儿沟通互动的最佳工具。研究发现，成人以温柔、关爱的方式持续给幼儿讲故事或念故事，有助幼儿大脑健康地发展。

讲故事或念故事是成人与孩子间通过有情节的叙述与话语的交流，使成人与孩子间的关系变得轻松且亲密。成人与孩子在故事里共同收获乐趣之后，彼此的情感会得到紧密融合。

你要亲近孩子，让孩子感受你的情感，让亲子间互动融洽，最简单的方式便是讲故事，让亲子洋溢在故事的温馨氛围中。我想起我曾拿着图画书，指着图像跟小菩提叙述情节。他注意图中的小细节，认真听故事。故事内容总能潜移默化，灌输一些观念。别看短短的故事似乎微不足道，它们确实是在积累中产生很大影响。我想彼此情感的增进就是最重要的收获。

小菩提很喜欢一本图画书《永远爱你》，它是罗伯特·马修的作品。我为小菩提朗读这本图画书，每次朗读时我们总会有深切的感动。他告诉我："我爱妈妈！"

静静的夜里，一个妈妈轻轻地把她刚出生的小宝宝搂在怀里，轻轻地摇啊摇，轻轻地唱着："我永远爱你，我永远疼你，在妈妈的心里，你是我永远的宝贝。"

小宝宝两岁了，把家里弄得像战场，惹妈妈生气。夜深人静时，妈妈依旧搂着小男孩，轻轻唱着那首熟悉的歌。

渐渐地，小男孩长大了，在他成长的每一个阶段，都有令妈妈担忧的事情发生，但妈妈依然唱着那首歌。直到妈妈生命的最后，他才懂得什么是爱。

最后，他抱着女儿轻轻唱出："我永远爱你，我永远疼你，在爸爸的心里，你是我永远的宝贝。"

我建议你一定要念这本图画书给孩子听。无论孩子多么调皮，我们总是疼爱他们；孩子也知道，无论自己多么捣蛋，父母总是疼爱自己的。

这一本书谈的是典型的生命教育，在阅读它时融入慈爱之情，成人与孩子的感情会更融洽。

不只是《永远爱你》这本书具备这种魅力。好的故事总是魅力四射，让孩子融入其中。我想当你念故事时，呈现的真情才是触动孩子心灵的要素。我们可凭借故事强化与孩子的关系，故事呈现的功能恰好可以帮助孩子。

通过故事情节的发展，触动孩子不同的情感表现

当我为小菩提念图画书《永远爱你》时，他的心显然受到了深深触动。我发现他沉静下来，有一点点忧伤。他抱着我，抱着妈妈，说："我永远爱你们。"平常他总是嘻嘻哈哈的样子，而那时他因为故事释放出了情感，他被感动了。

通过故事刺激孩子小小的心灵，让孩子在故事情境中体验不同的感受

"我永远爱你，我永远疼你，在妈妈的心里，你是我永远的宝贝。"当我轻轻拥着小菩提，将《永远爱你》里的歌谣念出来时，他融入故事，随着情节的发展，调皮、哀伤、慈爱，一种希望正在他小小的心中绽放。

我感觉他已懂得感受被爱与爱人。我相信感动是可以创造的，在故事中被营造与释放，它可以影响孩子心中的悲悯情怀。

通过故事帮助孩子认识多元面相，察觉人与人之间的差异与相似

在《永远爱你》的情节中，读者可以见到男孩的成长，在不同时期有不同的个性与行为。幼时的可爱，童年的顽皮，青少年的叛逆，到长大成家有了自己的家庭。书中的男孩表现出了多元面相，这就是成长，这也是成长带来的差异。

书中的妈妈对孩子的慈爱是不变的，无论发生什么事，她总是轻唱着："我永远爱你，我永远疼你……"

但书中的妈妈随着岁月流逝，也渐渐老去。小菩提听完故事之后，抱着自己的妈妈说："我不要妈妈变老！"这个故事影响到他了。

通过故事帮助孩子懂得释放情感，并且了解家庭、家族与环境的关系

童心能映月。纯真需要爱不断灌溉。通过不同故事帮助孩子释放情感，让爱永驻在孩子心中。《永远爱你》是小菩提几乎每晚必听的故事。我常常与他对话，告诉他，爸爸妈妈爱他、爷爷奶奶爱他、外公外婆爱他、叔叔婶婶爱他……

故事延伸的效能扩大到家庭、家族甚至环境与物我关系。

他说："我爱小黑兔，小黑兔爱我吗？"

我说："当然！"

小黑兔是他的填充玩具。

以故事培养孩子的读写能力

故事启发孩子阅读，学习就藏在故事之中，分享故事对孩子的启蒙学习与发展有重要的贡献，对孩子读写能力的培养更是影响深远。

读写能力可视为一种语言的使用能力，包含说话、聆听、阅读、观赏、书写与绘画等，它正是学习基础能力所必备。

读写能力是可以被教导的，虽说从出生开始，孩子在生活中默默模仿爸爸妈妈，但通过成人的参与，进行一些有意义的活动，在成人的赞美、鼓励与指导下，读写能力终将成为孩子的一种日常习惯。读写能力就是工具，将要支持孩子未来的学习。你要为孩子的学习做准备，所以，“学习如何学习的学习”就是从阅读、念故事开始。

在朗读图画书给小菩提听的时候，我喜欢他跟我一起念，说话是需要练习的。我时而加大音量，时而轻声细语，我朗读时的神情表现，竟然也影响他了。他跟着朗读的时候，神情跟我是一模一样的。我觉得好笑，他觉得有趣。我们玩在了一起。

故事可以培养孩子的读写能力，是最好的启蒙。也许你初期完全感觉不到，然而孩子的读写能力确实在积累之中得到了提高。为幼儿讲故事需要长期坚持，不要期待立竿见影，幼儿需要你的陪伴与引导。我喜欢用“积累”二字，养成习惯去给予，反复地进行，随着孩子的成长，必见回馈。有什么回馈呢？孩子的读写能力在潜移默化中养成。

小菩提是一个很晚才开口说话的男孩。他三个月大的时候，

第一次回医院体检。他的头圆圆的，眼睛骨碌碌到处看。医生说他舌系带太紧，必须手术剪开，否则讲话会受影响。

医生剪开了小菩提的舌系带，我仍担心他说话会受到影响，于是更尽心地引导他说话。模仿是语言发展的一个重要过程，我翻阅大量图画书念故事给他听，让他养成阅读习惯。

有一天，小菩提说话了，口齿之清晰，对语汇之熟悉，令人惊奇。他翻着我常念给他听的图画书，煞有介事地指着字大声念出来。那时，小菩提已经两岁半了。

故事启发孩子早期读写经验。孩子需要积极参与到愉快的语言活动中，例如听故事、阅读图画书等活动。

孩子能指着图画书上的插画提出意见，孩子能对一些故事情节做贴切的回应，孩子能生动地表达他们所喜爱的故事，孩子能滚瓜烂熟地背诵出图画书上的文字，孩子能运用他们的技巧了解故事背景与脉络。这就是你在引导孩子阅读与朗读故事之后，得到的惊人反馈。他的成长就是反馈，你必然乐观其成。

令我感到惊讶的是，小菩提能念出图画书上的故事内容，而且竟能一字不差地背诵出来。最有趣的是他念图画书时的神情，就是我平时念故事给他听的样子。我不认为他完全认得字句，但他的表现的确让人觉得他都懂了。

孩子在聆听故事或阅读图画书之时，会仔细找出故事中即将发生的事，或指出一些东西来与家人、老师、朋友交流。孩子容易因为故事开始对读写文字产生热爱。孩子热爱故事是一个很重要的里程，这对培养孩子读写能力有帮助。

故事可以引导孩子的读写，虽然处于幼儿时期的孩子不具有学校里认定的读写能力，然而在念故事的过程中，孩子这方面潜在的学习能力确实可以被激发。

你能在培养孩子读写能力时，看到孩子表现他们自己的想法与感觉。你若能有规律地为孩子讲故事，就是在为孩子的读写能力打下一个基础，起码能让孩子在迈向“学校语言”的前端已有基础。

为小菩提讲故事、念图画书，已成为我生活的一部分，这对小菩提读写能力的积累具有极大的作用。从还是学步儿开始，小菩提就常常翻阅图画书，他认真阅读，到了大班，已有很好的阅读图画书的能力了。我相信这是积累的作用，这个过程离不开我和他妈妈长期的陪伴和多元的引导。

常常，在我讲完一个故事之后，他会在纸上画出故事内容，而且常常会加很多角色。小菩提总能编出故事情节，而且完全是他自己编的。我静静地听他说，偶尔也会提问，就这样进行互动。小菩提渐渐具备读写能力，上了小学之后，他在班级里的阅读、书写、听讲等方面完全没有不适应的问题。

下面有一个“语言发展和读写能力需要的发展年龄表”，你可以按孩子的年纪尝试对照孩子是否达标。孩子的语言发展在一定年龄会有一些现象表现出来。你需要做什么样的引导，我想你有这些参考之后，就知道怎么做了。

语言发展和读写能力需要的发展年龄表

年龄	语言发展	读写能力的需要
0~6 个月	• 轻柔的声音可以安抚孩子。哭、发出咯咯声和咕咕声。	• 会听押韵的诗歌、听有韵脚的语言、歌曲和赞美诗。
6~9 个月	• 发出单音节的声音，听起来像是在发展音调的形式。 • 可能会试图模仿出“妈”或“爸”的声音。	• 上一栏所需。 • 能参与使用内容具有重复性的书本。
9~18 个月	• 会对一些文字有反应。 • 开始使用全句字（以一个字表示全句的意思），例如“狗”“果汁”“球”。 • 发出一些奇特的音，使所说的话不容易被了解。	• 指物命名的书本。 • 特意安插一些简单问题的书本。
18 个月 ~2 岁	• 指向某物体。 • 发展出20 ~ 200个左右的语汇。 • 了解简单的问话。 • 使用电报式说话方式。例如：“爸爸，拜拜。”	• 画有孩子所熟悉的事物的书本。 • 具有简单可预期、预测情节的书本。
2~2.5 岁	• 已发展出 50 ~ 400 个语汇。 • 使用两个字到三个字语词。 • 开始使用代名词和介系词，但有时会混淆。（例如，要说“外面”时，却说成“里面”。）	• 上两栏所需。 • 能响应可能被戏剧化的简单故事，以及包含家庭成员的事情、有重要改变的事物、有趣角色和可预期结果的故事。

年龄	语言发展	读写能力的需要
2.5~3 岁	• 使用三个字和四个字的语词。 • 比较正确且有条理地使用语汇。 • 比较正确运用一些文法。 • 具有较好的理解力。 • 所说的话大人已较能理解。 • 会问一些问题。例如："那是什么？"	• 上三栏所需。 • 能享受简单的数数、押韵诗和歌曲、回答问题，以及重复吸引人的语词。
3~4 岁	• 已发展出1000个左右的语汇。 • 产生更复杂的句子和问题。 • 开始使用会话的形式。	• 上四栏所需。 • 能诠释记得的故事。 • 能在戏剧游戏中扮演、运用文学作品中出现的角色和过程。
4~6 岁	• 能使用1500 ~ 1800个语汇。 • 正确为许多东西、行动、颜色等命名。 • 也许能分辨一些字句，或读一些简单的字句。 • 能和其他孩子以及成人交谈。	• 上述各栏所需。 • 记得喜爱的故事并阅读它们。 • 对于故事中的角色和情节发展，表现出更多的兴趣。 • 喜爱探索基本的概念、人类情感和关系的故事。 • 分辨真实和假装，好和坏之间的不同行为。

引用自 Mary Renck Jalongo《幼儿文学：零岁到八岁的孩子与绘本》（叶嘉青编译，心理出版社，2008）

第三章 共读与阅读循环

阅读循环

选书

阅读

回应

阅读循环

亲子共读的执行主导是照顾者，照顾者具有守门人的功能。接收者是孩子，但我们要给孩子东西时，什么可以给，什么不可以给？选择的权力全在照顾者的身上。守门人的功能这时就发挥出来了。

艾登·钱伯斯在《打造儿童阅读环境》中提到了循环阅读的观点。套用在亲子共读的操作上，对于兼有守门人功能的你而言，共读就不只是共读，你在阅读、念故事的时候，正是遵循了一种循环历程。从选书到阅读，阅读到回应，回应到选书，每一个环节都牵动着另一环节，形成另一结果，这是一个周而复始的循环。

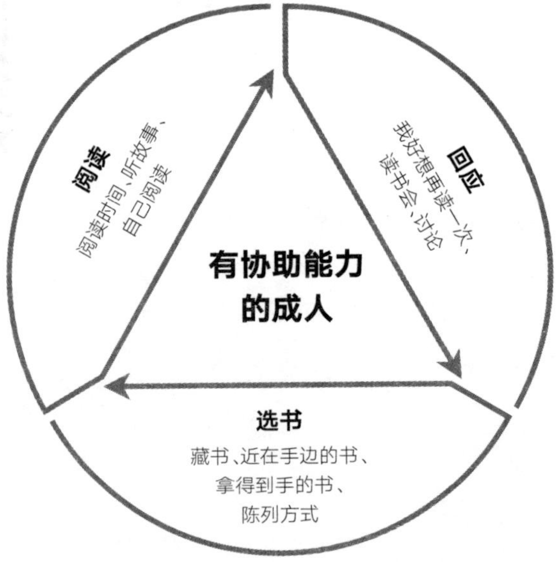

选书

选书是守门人的首要功能，你提供文本给孩子阅读，在拿取文本之前，必然要对书有所选择。阅读活动正是从选书开始。儿童读物包罗万象，哪些适合孩子？哪些不适合孩子？要选什么样的书？不要选什么样的书？守门人必须清楚自己的角色功能。

满足孩子的需求是阅读的第一步。大多数孩子是欠缺选书能力的，选书必须由大人来完成。为孩子选书，以儿童读物为主，涵盖的范围广大，提供的建议是：文本适合孩子年龄，内容能被孩子接收，符合孩子身心发展。

在学校或是家里，提供丰富的藏书是鼓励亲子阅读的首要条件。我们还要将孩子视为成熟可信任的读者，亲子阅读的功能是指导孩子有效阅读，同时提供必要的协助。念故事就是最容易亲近孩子、鼓励他们阅读的操作方式。

选书是阅读前必然的工作，选什么样的书要有指标，指标有利于选对书，能让孩子顺利有效地进行阅读。

在小菩提两岁的时候，我引导他阅读一些有关形状、大小、颜色等概念的书，这些书往往能引发他的兴趣。我选择图画书时，会注意书要有对比强烈的颜色，线条浓厚明显，文字朗读时具有节奏感。例如《棕色的熊、棕色的熊，你在看什么？》。

我念着："棕色的熊、棕色的熊，你在看什么？"

这本书语言有节奏、颜色浓烈，这些都引起了小菩提浓厚的兴趣。即使他已听过好几遍，还是满心欢喜地等着揭示答案。

"我看见一只红色的鸟在看我。"我指着红色的鸟，他笑了。

《棕色的熊、棕色的熊，你在看什么？》封面及内页

我继续朗读："红色的鸟、红色的鸟，你在看什么？"

他知道答案了，等不及我翻页就大声说："黄色的鸭子。"

然后，我翻过来指着图，念着："我看见一只黄色的鸭子在看我。"

随着这样一问一答，在重复的韵律与节奏中，一本充满各种动物与色彩的图画书在小菩提面前慢慢展开。于是我更加确信这本图画书适合他这个年龄阅读，他也读出了极大的乐趣。

"不同年龄阶段孩子的选书建议"这个表格依循儿童发展规律，提供选书建议，便于我们为孩子选择适宜的书籍，也为你在选书上提供一些参考，以便引导孩子阅读。

不同年龄阶段孩子的选书建议

发展领域	发展情形	选书建议	参考书单
0~3岁			
身体与动作发展	● 感官迅速发展,运用五官探索、操作与学习 ● 对有节奏的声音特别有反应 ● 强烈对比的颜色及形状有助于视觉发展	● 运用五官操弄游戏的玩具书 ● 节奏轻快的儿歌或摇篮曲 ● 色彩明亮且丰富的图画	《喵呜和大箱子》 《喵呜和小椅子》 《喵呜和木勺子》 《喵呜和蓝桌子》 《从头动到脚》
认知与智力发展	● 专注力短暂 ● 学习基本概念	● 内容简短,可一次看完的书 ● 可学习形状、大小、颜色等概念书	《棕色的熊、棕色的熊,你在看什么?》 《抱抱》
语言发展	● 喜欢运用声音玩游戏 ● 开始学习基本语汇、语法,建立语言基础	● 儿歌或可以玩音效游戏的书 ● 可促进亲子对话沟通的内容	《发生了什么事》 《小动物儿歌集》 《骨碌骨碌》
情绪、人格与社会发展	● 建立对人的基本信任感 ● 经验有限,兴趣集中在自己及熟悉的人、事、物 ● 学习自理与自助的能力	● 可以获得爱与情感的生活故事 ● 有关熟悉人与事物的内容 ● 有关常规及生活习惯的故事	《逃家小兔》 《阿文的小毯子》 《我最喜欢妈妈》 《米菲在海边》 《从月亮上回家》
3~5岁			
身体与动作发展	● 手眼协调、小肌肉协调,有很大的进步	● 各式各样的玩具书	《呼啦啦,画画啦!》

续表

发展领域	发展情形	选书建议	参考书单
认知与智力发展	• 专注力短暂且非常好动 • 通过第一手经验建立概念 • 略有时间概念 • 对世界充满好奇心 • 透过想象游戏来学习 • 视万物皆有生命	• 内容简短，可以一次看完及参与命名、指认、唱歌、寻找的书籍 • 强化概念的书 • 了解时间的书 • 有关日常生活经验、宠物、有趣事物、家庭及周遭人物的书 • 可以玩想象游戏的书 • 书中角色拟人化	《小金鱼逃走了》 《山羊学游泳》 《好饿的毛毛虫》 《妈妈买绿豆》 《乔治和玛莎》 《小真的长头发》 《月亮，生日快乐》
语言发展	• 语言发展迅速	• 儿歌、预测性图画书、无字图画书或简短的故事	《神奇理发师费多琳》 《小纸船看海》 《月亮在看你》 《奇妙的书》
情绪、人格与社会发展	• 以自我为中心 • 寻求温暖、安全的人际关系 • 学习独立自主，从成就中获得满足、喜悦 • 对事物的对错有绝对的判断 • 对未知的事物产生恐惧 • 开始发展社会技巧 • 对同辈团体产生依附的需求	• 主角人物易于被认同，观点较单一 • 使人有安全感的故事，床边故事时间及其他朗读习惯，提供正向的文学经验 • 反应情绪、角色积极进取的书 • 期待坏行为受到惩罚，好行为受到奖励，要求绝对的正义及快乐的结局 • 探讨恐惧情绪的书（怕黑、想象恐惧等） • 学习与人沟通，发展社交技巧的书 • 寻求促进友伴关系发展的书	《玛德琳过圣诞》 《手不是用来打人的》 《语言不是用来伤人的》 《猜猜我有多爱你》 《第一次上街买东西》 《三只山羊嘎啦嘎啦》 《床底下的怪物》 《你能帮帮我吗?》 《彩虹鱼》

发展领域	发展情形	选书建议	参考书单
5~8 岁			
身体与动作发展	• 身体外形改变，恒齿长出来；学习吹口哨或其他卓越的动作技能	• 有益于自己接受身体变化及个别差异的书	《小威向前冲》 《你我如此与众不同》
认知与智力发展	• 专注力增加 • 模糊的时间概念 • 能分辨真实与想象世界 • 透过直接经验学习 • 对自我世界仍感兴趣，对更大范围的事物感到好奇，仍以自我观点看待世界	• 有完整情节内容的短篇故事或长篇故事 • 可以学习时间概念的故事 • 喜欢幻想或用玩偶演出戏剧 • 运用知识书来拓展经验 • 需要各式各样的书，尤其是描述外在世界的书	《石头汤》 《小房子》 《老鼠娶新娘》 《人》 《搬过来，搬过去》
语言发展	• 语言能力持续发展，说读写能力增加	• 适合朗读或讲故事的书	《最糟糕的宠物》
情绪、人格与社会发展	• 努力完成大人期望 • 开始发展对别人的关怀与了解 • 正义感增加，力求行为符合外在标准 • 继续追求独立性与主动性 • 开始发展幽默感 • 需要家的温暖与安全 • 发展友伴关系 • 对性别差异感到好奇	• 运用熟知故事或预测性故事提供成功的阅读经验 • 提供体验爱人、同理及推己及人的书 • 提供讨论是非对错的书 • 需要自我选择、责任感及成功冒险的故事 • 喜欢有惊奇结局的故事或笑话 • 喜欢描述各种家庭生活形态的书 • 喜欢描述朋友间互动状况的书 • 喜欢描述两性角色差异的书	《三只小猪的真实故事》 《安安的布娃娃》 《错了?》 《机器动物》 《小猫玫瑰》 《三只小熊》 《熊猫澡堂》 《臭起司小子爆笑故事大集合》 《妈妈的红沙发》 《青蛙和蟾蜍》 《小年兽的好爸爸》 《真正的男子汉》

参考林敏宜《图画书的欣赏与运用》（心理学出版社，2011 年）

阅读

孩子阅读的实施依赖一位有协助能力的成人，也就是照顾者。孩子的阅读是从学习如何阅读开始，你具备阅读的涵养，自然能引导孩子走进书的世界。

对于学习阅读刚起步的孩子，我们最能帮助他们的方式，就是依循着孩子在阅读循环中的发展，随时肯定他们完成的每一步骤。从阅读时间的安排、听故事的过程到孩子自己阅读，实施“念故事三部曲”，便是带领孩子进入阅读领域，甚至体验书本之外的现场。

心理学家维果茨基（Vygotsky）提出的“鹰架”理论，可以套用在阅读上，它带给我们启示：“一个孩子的文化成长主要来自两方面，首先立基于社会层次，后来再建构于个体层次，前者重视个体间的互动，后者是个体内的转化。”换一个说法，个体由被动地等待发展转为主动学习，若在大人协助之下，个体可以表现得比现状还好。

所以，在孩子学习阅读的过程中，若有照顾者协助等于为孩子提供了“鹰架”，让孩子有机会阅读稍微超出他现有能力的读物，让他从中学习与文本互动的方式、学习书本的概念以及字音字形的知识，并获得阅读的乐趣，这对孩子在学习阅读上有莫大的帮助。

关于“鹰架”理论，你只要明了我们仅是协助者，需要搭建一个“鹰架”让孩子便利地进入阅读，并且享受阅读。我们所能做的是引领阅读、分享阅读。我们通过念故事让孩子爱上书，同时期待他们自己能翻阅图书进行阅读。

在这里，我可以为大家提供一些分享阅读的方法。分享阅读是照顾者以提问、引导、示范的方式，让孩子在大量阅读中获得书本的概念和基本的阅读策略。父母在家中带领孩子共读，也许单纯地念故事即可，但进入幼儿园的教学现场，建议教师在着手进行共读时，不妨有策略地让文本阅读更具效益。

所谓的分享策略与“念故事三部曲”异曲同工，文本本具互文性，《故事结构教学与分享阅读》等书涉及分享阅读的方法，它们可以为照顾者进行分享阅读时提供参考。

一、朗读前，一定要提书名、著者与绘者的名字，建立孩子对书本的概念，无论这本书已经念过几次了。

二、朗读前，先用几分钟的时间让孩子静下心来，准备好心情聆听故事。如果是延续上一次的故事，先回顾上次讲到哪里。

三、在第一次读一本书时，可与孩子讨论书的封面与插图。问问孩子：“你认为这张图在说什么？”

四、在朗读时，经常问孩子：“你认为接下来会发生什么事？”这样可以增加孩子的参与感。

五、在重复朗读具有预测性的故事时，偶尔在关键词或句子之前停下来，让孩子接着念。

六、不要念太快，让孩子有时间看书中的文字和图画，并思考问题。

七、朗读者要事先读过要念的故事书，熟悉故事内容，以决定哪些地方可以缩减、删除或是强调。如果不会判断，朗读者就照着原文念。朗读者最好避开对话冗长的小说，因为聆听者不容易弄清楚谁在说话。

八、每天为孩子安排一段固定时间讲故事，不求时间长，即使专注十分钟也好，只要有空就一读再读。

九、读完故事后和孩子一起讨论故事中有趣的情节。但切记不要变成随堂测验，不断问一些问题，只想测试孩子是否记住故事细节。要让听故事的时光充满愉悦，愉悦的心情和阅读活动相联结之后，孩子在今后的生活中就会比较喜欢阅读。

十、当孩子问你也不懂的问题时，带孩子一起查参考书，开拓他的视野。阅读与念故事在这个阶段，本来就联结在一起。

我在引导小菩提阅读时，上述策略也许不会在一次共读时全部用上，但是阅读的几个基本方向已成为既定模式。我在家里和在教学现场念的故事都有自己精心的设计，经过设计的共读势必能激发孩子在阅读学习上的兴趣。

根据循环阅读的观点，分享阅读策略的运用，已结合回应层次。由此形成的循环，必定互相联系。当我们为孩子念故事时，就已经启动阅读循环。

我念《你在这里呀！》这本图画书给小菩提听时，先给他介绍了著者洛伦茨·保利和绘者卡琳·谢尔勒，让他能了解这些很棒的故事都有创作者。你是不是忽略了图画书的著者与绘者的介绍？你必须把这些讲给孩子听，孩子也许不是很明白，但没有关系。念故事给孩子听的是讲故事的人，写故事给孩子看的是写故事人，两者都是阅读的传递者。创作者很重要，你也很重要。

我还会告诉小菩提书的出版社信息。我说："《你在这里呀！》是广西师范大学出版社魔法象童书馆出版的书哟！"他听到"魔

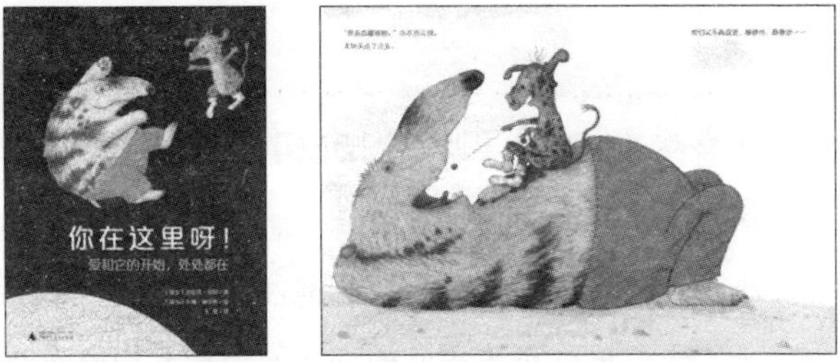

《你在这里呀！》封面及内页

法象”三个字，眼睛亮了起来。他不是很了解什么是出版社，“魔法”和“象”组合的具体词组，倒是引起了他的注意。“有魔法的大象会做图画书。”“对！这就是出版社。”

《你在这里呀！》是卡琳·谢尔勒一部浪漫的作品。她曾荣获国际安徒生大奖和林格伦文学奖提名。

我们可以与孩子谈哲学。儿童哲学推动人杨茂秀曾提道：“儿童哲学要以图画书作导读，然后与孩子讨论。”我与小菩提讨论图画书时，不会严肃地将“哲学”二字搬出来吓他，而是以图画书中的故事为介，慢慢引导。比如我们自然而然地谈起“爱”这个议题，它就从图画书中的故事开始。

图画书的封面可以引发读者的思考。我给小菩提念了封面上的一行字：“爱和它的开始，处处都在。”

我问：“如何具体表现爱的感觉呢？”

小菩提答道：“拥抱？”

“是的！拥抱！”我给小菩提一个拥抱。

翻开书，小不点儿与大块头的故事开始了。爱也是一种哲学，它一直被讨论。存在主义的理性可以用爱来诠释，“我爱故我在”表达的正是至上的心灵层次。

我喜欢《你在这里呀！》的故事简介——这是一本关于爱的书，这是一本让你拥有爱的书。

小不点儿那样小，小到只能抱住大块头的一小部分；大块头那样大，大到抱住小不点儿时要小心翼翼。但这丝毫不妨碍他们互相爱着对方，那种爱就像坚固的果核，永远不会改变。小不点儿想知道，开始是什么，当然，他想知道的是他与大块头爱的开始。小不点儿还想知道，是不是所有开始都有一个结束，当自己改变了，大块头还会爱他吗？

孩子表达爱的方式是最直接、最明显的，他们毫不保留，更不会含蓄。我朗读这本图画书给小菩提听，期待他能在我的朗读中，在我与他的对话中切实地感受与享受“爱”。爱是什么呢？我们尝试用自己的语言去比喻与形容。对这本书的评语，我喜欢下面这段话，它很有哲理，引人思考：“爱是万物之始，爱是宇宙。献给所有孩子和与他们携手相爱的人们；爱就像一个果核，坚不可摧，它抵得住改变，经得起历练；爱，像一条静静流淌的小河，自然而然。它有时喧闹，有时安静，甚至沉默很长时间。但是，爱从未离开过。”

这是我和小菩提共读《你在这里呀！》这本图画书时的延伸和意外的收获。亲子共读给了我们一个美好的下午。

回应

当我们念故事给孩子听的时候，他手舞足蹈，时而笑意盈盈，时而瞪眼专注，甚至插嘴参与互动，这些都是他给我们的回应。

如果他对故事毫无反应，时而左顾右盼，时而玩弄玩具，甚至离开去玩耍，这些也是回应。

我们要好好经营亲子共读时光，阅读循环本是环环相扣的，孩子对听到的故事本来就有接受与拒绝的权利，我们可以通过观察孩子对听到的故事有何回应来检视文本会对孩子阅读产生什么样的效益。照顾者在朗读故事的过程中，心中便已设定了孩子应该给予什么样的良好反馈，这反馈自然是手舞足蹈、笑意盈盈、眼神专注、插嘴参与互动，这表示念故事达到了效果，也是我们对亲子共读最起码的期待。

但是，当照顾者念故事时，孩子若是对听到的故事毫无反应、左顾右盼、玩弄玩具、离开去玩耍，我们经营共读是不是就没有效果了？我们朗读故事是不是就无效了？那么我们还要继续念下去吗？

我认为孩子这样的回应不代表亲子共读没有效果，只是孩子的回应不符合我们心中的期待。

若是问我怎么办，我会告诉你，尝试继续念下去。经营亲子共读，就是要让孩子知道现在是听故事的时间，我们要来阅读。

你若是暂时停止朗读，也可以。适当暂停是一种缓冲，别让听故事成为一种压力。等孩子想听时，再继续朗读。

无论孩子有什么样的回应，你都要坚持阅读、念故事。你怎么知道他没有收获？孩子的小脑袋瓜里常有令人意想不到的想法，他们会随时回应你，让你惊讶连连。

毕竟，你期待孩子的回应，还希望孩子有明确的收获。孩子专注聆听故事，沉浸在故事情节营造的氛围里，他们聆听故事时随情节起伏，表现出喜欢、厌烦、刺激、兴奋、好奇等反应。

听故事时，孩子的反应与文本情节是否精彩有很大的关系，而且朗读者朗读故事的技巧也很重要。我们可通过有技巧的朗读吸引孩子专注聆听，除达到阅读效果，也给孩子提供阅读经验。

所以，观察孩子对听到的故事有何回应，从而调整朗读技巧，选择合适的文本对帮助孩子成为一个思考型读者非常重要。我们可以感受到亲子共读给孩子带来的效益：当孩子阅读、聆听一本书之后，期待能再经历相同的阅读乐趣，或者读完一本书之后，迫不及待地想和别人讲自己的想法。

身为协助孩子阅读的照顾者，直接引导孩子积极回应，主动讨论故事或是谈论故事是不错的方式。

你在亲子共读中具有主导权，这符合“念故事三部曲”朗读后的回顾、思考与延伸活动的运用。但这主导权不是绝对掌控，也不代表绝对的发言权。

我认为能引导孩子说出心中的感觉，你们有愉快的对话，让讨论或谈论故事成为快乐的事情，这是观察孩子在亲子共读中的回应带来的最佳效益。谈论故事与讨论故事其实是有差异的，但它们可以在亲子共读的过程中并行。这是父母在亲子阅读中需要学习的功课，更是幼教老师必需修习的。

谈论故事得以孩子自身经验为主，让孩子结合故事情节去回忆、思考，然后整理经验，再做表达。想要深入思考必须开放思维，寻找问题的相关性、模拟性，协助孩子阅读的照顾者须有技巧地引导孩子，让孩子自由地叙述。

在讨论故事时，共读的参与者就进入心理反省层面，照顾者可就着故事情节运用“换个想法”“换个角度”的思考技巧，也就是以联想、分析、想象、假设、澄清等方式，与孩子进行有效的讨论。

若进入哲学层面来讨论故事，则进入了儿童哲学思考的范畴。在交换心得与经验中寻找普遍性，建立抽象概念，建立有意义的认知系统，形成行为信念，构筑完善推论，确立价值观。具有哲思的故事讨论是属高层次的回应。

我曾在小菩提所在的幼儿园中班念过《小年兽的好爸爸》这本图画书。

故事梗概：

快过年了，小年兽圆圆跟妈妈在厨房祭拜灶王爷。妈妈将糖涂在灶王爷神像的嘴上，希望他回天庭在玉皇大帝面前说好话。爸爸在叹气。快过年了，怎么爸爸不开心？原来爸爸找不到工作。圆圆走进桃花村想为爸爸找一份工作。村民问他爸爸是谁，圆圆回答是年兽，村民非常害怕年兽，怎么可能给他找工作。圆圆回去问爸爸这是怎么回事，爸爸才说出自己从前很坏，玉皇大帝昭告人们要提防年兽。后来，爸爸有了家庭才改邪归正，只是人们仍不能谅解。小年兽想到灶王爷能在玉皇大帝面前说好话，央求灶王爷帮帮忙。他跟灶王爷到天庭去，勇敢地将爸爸改过自新的事情说给玉皇大帝听。玉皇大帝昭告天下年兽不再害人了，消息传出后，小年兽的爸爸才终于有了工作，成了一名称职的门卫。

这本图画书中的故事很温暖，我讲给孩子们听时，他们听得很认真。这本书语言清新、画风亲切、色彩鲜明、具有亲和力，而且故事生动有趣，充满智慧，包含了生活哲学。当我讲完这个故事，我们进行了故事讨论，孩子们的回应很热烈，他们说出了自己的想法，我渐渐引导他们进入较深层次的讨论，培养哲学思维。孩子都是哲学家，他们的想法有时让大人感到意外。

《小年兽的好爸爸》有一个原型故事——年兽的传说。也许在讲《小年兽的好爸爸》这本图画书时，把这个关于除夕由来的传说讲给孩子听，孩子就更能理解。

和孩子讨论故事时，想象、联想或假设，甚至奇怪的想法，我们都应该让孩子表达出来。听完故事，孩子愿意讲出他们的观点，就表示他们已经在思考，我们要尊重他们的思考。

思考可以培养智能，阅读的本质不只是获得知识，还在于让读者进行更深的思考。我的做法是，孩子思考之后，无论他们的答案是什么，只要他们能讲出一个所以然来，我都会给予鼓励。孩子的想法本来就天马行空，我认为这种“天马行空”很伟大。

在念完《小年兽的好爸爸》之后，我与孩子们谈论情节，然后和他们一起发散思维，讨论内容。下面我就以《小年兽的好爸爸》为例，谈谈思考技巧。

我们可以凭借自身的经验谈论故事，首先我们需要用到简单的思考技巧：回忆、口语表达、经验整理。

我：“你们喜欢年兽吗？”

孩子：“喜欢。”

我：“年兽很可怕，会吃人，你们怎么会喜欢？”

孩子：“很可爱。”（孩子们七嘴八舌地说出了自己的看法，其中有孩子这样回答。）

我：“我听到有人说很可爱，为什么？”

孩子：“小年兽很可爱呀！”（在相互影响之下，孩子们的意见统一了。）

我：“喜欢小年兽的举手。”（几乎全班都举手了。）

接下来，我们还要从情绪及基本技巧着手，更深入地运用思考技巧，比如回忆、简单叙述、寻找相关性、模拟。

我：“为什么小年兽的爸爸会叹气呢？”

孩子：“因为他找不到工作。”（故事中提到了。）

我：“为什么他找不到工作呢？”

孩子：“因为他以前很坏，大家不喜欢他！”

然后，到了讨论故事的阶段。这时需要从心理反应层面过渡到哲学层面。在心理反应层面，我们可以采用“换个想法”“换个角度”这种思考技巧，也就是运用联想、分析、想象等方式与孩子讨论故事。

我：“小年兽知道爸爸没有工作，他心里是什么感受？如果是你，你会怎么办？”

孩子：“不好。我也会想办法帮爸爸找工作。”

我：“小年兽是如何帮助爸爸的呢？”

孩子：“去找玉皇大帝。”（一位举手的孩子回答道。）

孩子：“请灶王爷帮忙。”（另一位举手的孩子回答道。）

我：“你认为灶王爷会帮助年兽爸爸吗？为什么？”

孩子：“会！因为他是灶王爷。”（孩子举手，我点了其中一位。）

孩子：“他吃糖了。”（我又点了另一位举手的孩子。）

孩子：“他知道爸爸已经变好了。”（我再点一位举手的孩子。）

哲学层面，需要我们与孩子交换心得，从经验中寻找普遍性，让孩子建立抽象概念，建立有意义的认知系统，形成行为信念，构筑完善推论，确立价值观。

这是高层次思考技巧的应用。

我：“如果你不小心做错事，希不希望获得别人的原谅？”

孩子：“希望。”

我：“都已经做错事了，那怎么办呢？”（我想引导孩子进入抽象思考，建立是非观。）

孩子：“认错，改过呀！这样别人才会原谅你！”（价值观出来了。但我不希望有标准答案，为了让他们发散思维，可以抛出有点让人震撼的议题，引发孩子更多的讨论。）

我："但是，你做错事也可以不承认，不改过呀！也许没有人知道。你认为呢？"（孩子热烈讨论，举手发表想法。）

孩子："我妈妈很厉害，一定知道。"

孩子："大家会不喜欢你。"

我："可是承认错误，心里会很难受。"

孩子："但还是要认错呀！"

孩子："我不要大家不喜欢我。"

孩子："我会听话，不做错事。"

孩子："我去找奶奶。"

孩子："我去找爸爸。"

……

（我不评论，不说对错，只是引导，让他们自己判断。以这本图画书的议题，我引申到了其他议题的讨论，这样做主要是让孩子能思考，当孩子提出不同看法，哲学层面就被引发出来了。）

不要小看孩子，他们什么都懂。这一本图画书以古代传说中的年兽，影射现代社会的失业问题，这种题材在图画书中是少见的。孩子都有想要为父母分忧的想法，他们也是家庭的一分子。小年兽安慰爸爸，还勇敢地跟灶王爷到天庭见玉皇大帝。故事讲完了，它有一个圆满的结局。

《小年兽的好爸爸》可谈的议题有很多，如何引导是关键，幼教老师尤其应具备这样的引导能力。

阅读循环与“念故事三部曲”，可以为照顾者提供操作共读的观念与方法。我认为“念故事三部曲”是一种形式，进入阅读循环便是进入有系统、有步骤的内容深层。

阅读循环与“念故事三部曲”，让照顾者拿起文本朗读故事时能够有一些可以依循的实施要领，让孩子听故事时能有一个学习方向，进而有效思考与练习说话。这是开展共读时值得尝试的过程。

第四章 阅读时间到了

阅读是『为你朗读，为爱朗读』

以图画书启动阅读是很好的开始

翻开图画书一起去阅读

不识字看书看什么

阅读，体验式认知学习

让孩子意识到文字在讲故事

先读图，再念文字

阅读是“为你朗读，为爱朗读”

我喜欢《为爱朗读》这本图画书，它是韩国金仁子写的故事，李真希画的图。这是一本让人安静的书，它着实让我很感动。我是一个故事人，我讲故事着重口说身演，但我在为幼儿园的孩子朗读《为爱朗读》时，是一个字一个字慢慢念出来的，不过多渲染，不另外表现，以“照本宣科”的方式念出来。感动是在潜移默化中进行的，孩子接收爱的信息后，转化成他们的经验。一群六岁的孩子静静地听我朗读，他们都被感动了。

故事梗概：

外婆独自住在乡下，她不识字，却喜欢听人念书。外婆喜欢图画书，孙女睡前都给她打电话，朗读图画书给她听。每天，孙女都读同一个故事。外婆安安静静地听。孙女念了整整一年。外婆八十岁生日的时候，亲戚们一起为她祝寿。外婆打开一本图画书为大家朗读。

这个故事的发展很简单，情节没有什么大转折，但以朗读这种形式进行的亲情交流与其中包含的爱，让人感到温暖。为孩子朗读，孩子也会为你朗读。我常想，社会上不缺乏书，缺乏的是阅读，朗读却比阅读更缺乏。朗读是通过声音的形式，带领聆听者进入另一层次的阅读，它更有温度。《为爱朗读》，阅读着、朗读着，暖意就涌出来了。

朗读可借着文本，引发更多的情感。朗读者依情节需求调整

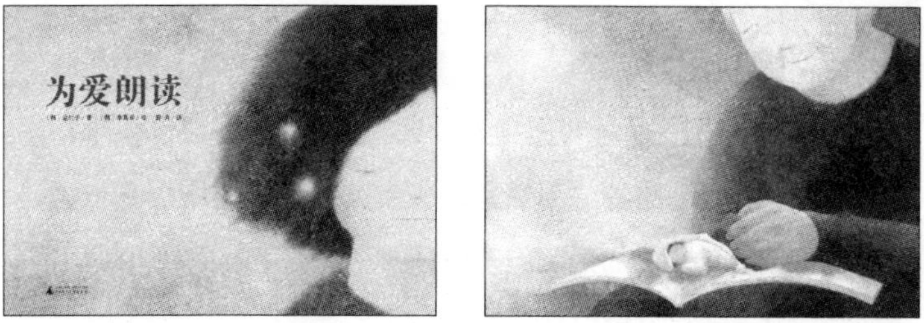

《为爱朗读》封面及内页

声调与情绪，然后将情节中的情感传送到聆听者的心中。朗读文本给聆听者带来声音上的阅读体验，也让朗读者对作品有新的认识。《为爱朗读》是温馨的，它拉近的是“祖孙情”，它提供孩子与祖父母情感交流的经验。

故事可以被经营得热热闹闹，也可以温馨感人。《为爱朗读》这个故事充满希望，它的结尾给人一种深深的感动，你将这感动带给孩子，孩子的心会变得柔软。孩子需要被爱，他也正在学习爱人。

大班的孩子听我讲完故事后，都听懂了。我没有叫他们说出自己的内心感受。有时，故事听完就好，不需要做任何后续的活动。阅读是一件很自我的事情，心灵的花朵盛开，不必在意开的是红花、白花还是黄花。他们也正在聆听阅读后自己心中的声音，有感觉就好。

以图画书启动阅读是很好的开始

当孩子进入探索期。他在这段时间最喜欢问“为什么”，这也是令你伤脑筋的时期。“好奇”是幼儿生活的一部分，不应该阻止。最差的做法是对问你“为什么”的孩子说：“你很烦！不准再发问！”这比回答“不知道，长大就知道”还糟糕——虽然这是一句很不负责任的话，但至少让孩子拥有了发问权。

“妈妈！天空为什么会下雨？”

当妈妈的你要怎么回答处在探索期的孩子的提问呢？

对孩子来说，任何事物都是新鲜的，他渴望了解未知世界。处于探索时期的幼儿好奇心十分强烈，对社会、自然、家庭、自身都充满了疑惑。

孩子渴望了解并试图去解释周遭未知的世界，他认知不足，知识不够，经验不多，总是迷惑不解，这个阶段的他们喜欢问“为什么”。于是，照顾者俨然成为幼儿知识的提供者，无论提供想象、虚构还是真实的答案，照顾者都要为孩子解惑。

孩子一直喜欢机智的故事。当我翻开《咕噜牛》的时候，封面上的怪兽虽然有点可怕，却激起了小菩提的好奇。故事一开始，小老鼠就遇到了危险，它要被狐狸吃掉了。它该怎么办呢？小菩提瞪大眼睛。机智的小老鼠虚构了咕噜牛，说它爱吃狐狸，狐狸被吓跑了。

小菩提静静地听我朗读。小老鼠又遇到了猫头鹰、蛇，它都搬出咕噜牛来化解危险。可它没想到这个世界上真有咕噜牛，它站在小老鼠面前，舔舔舌头要吃小老鼠。当真咕噜牛出现时，小菩提觉得不可思议。咕噜牛要吃小老鼠了，这下怎么办呢？

许多爸爸妈妈一直对怎么回答孩子的提问很困惑，以下是几种回答模式：

一、对孩子说：“不知道，你长大就知道了。”

《咕噜牛》封面及内页

二、就自己了解的知识，告诉孩子一个自己也不知是对是错的答案，孩子听得似懂非懂。

三、通过图册、书籍、网络等渠道，认真找答案，再给孩子说明。

四、利用丰富的想象力编故事，让答案在故事中出现，答案不是真的，但孩子很开心。

五、找相关童书讲故事，故事涵盖答案，答案也许不是“标准”的，但孩子在故事中得到享受。

孩子的发问常让人招架不住。面对孩子的发问，我喜欢编故事，也会找相关的图册与网络数据，或者就我所知来回答。此外，我还会找相关童书，朗读故事，用故事来回答。我绝对不会说：“你长大就知道了！”这样做太不负责任，孩子一定不满意，甚至会很失望。

想要变得机智，先要学会镇定。我试图问小菩提要用什么方法来化解危机。他的答案总是千奇百怪，但有效的方法只有几种。就算孩子的答案很可笑，也要尊重他们。容许孩子有不一样的答案，孩子才会继续运用自己的想象力。而想象力，对他们很珍贵。

我继续给小菩提讲《咕噜牛》的故事，小老鼠机智地化解了危机，解除危机的方法当然跟小菩提讲的不一样。他听我讲完图画书故事，松了一口气。处在探索期的孩子喜欢问“为什么”，最喜欢探知未知的世界。朗读图画书时，不妨留出一个想象的机会给他们。

看着小菩提发亮的眼神，且不问他是否在我的朗读中真的得到答案，但能肯定的是他得到满足了。在图画书之中，故事与图画正为孩子营造一个奇妙的世界。阅读图画书，可以满足孩子探索的欲望。

图画书融入著者、绘者的思想，他们想要给幼儿带来对未知事物的理解与体验,沟通了过去与未来、想象与现实。翻开图画书，念故事给孩子听，照顾者初期的引导正好满足他们想要探索未知世界的欲望。

照顾者期待孩子听完故事之后，也翻开书自行阅读。在图画的阅读或自编故事的过程中，他们都正在进行一件重要的事——认识世界。孩子喜欢问为什么，当获得答案后，他们会感到快乐。《咕噜牛》这样的图画书包含可以提供孩子探索世界的过程。当我翻开图画书将故事内容念出来的时候，有意无意间已丰富了小菩提的心灵。

翻开图画书一起去阅读

我常常朗读图画书给小菩提听，那是一段舒服的共读时光。他专注地听故事，我认真地念故事，我们彼此缓缓地交流情感，形成良好互动。三岁的孩子虽看不懂文字，却试图翻阅图画书，想要探知图画与文字之间的关联。他知道这些文字是有意义的。

我常在小菩提身边看着他，引导他翻书，给他讲故事。让孩子重复阅读一本他喜爱的图画书，故事就会一遍一遍印在他的脑海里。

我要强调的是，孩子知道文字是有意义的，文字里面藏着一个故事，他们想知道这个故事，大人可以将文字里的故事“放”出来。小菩提会主动拿图画书请求我念给他听，无论是一读再读的图画书还是新故事。因为共读已然引发他的兴趣，阅读已成为他的一种习惯，成为他生活的一部分。

在这个时期的孩子身上会发生一个有趣的现象：孩子会一直重复阅读自己喜爱的图画书。对此，许多妈妈觉得很伤脑筋。推动阅读念故事不是应该不断念新的作品吗？让孩子选书，孩子无论怎么选，总是选那一两本。

我的做法是跟孩子说：“这样好不好，今天的故事时间你选两本图画书，我选三本？躺床上啰！我要开始念故事了。”

“好啊！”孩子很高兴，能拥有选书的权利。

孩子一定会挑他喜欢且听过很多遍的图画书。你也有选书的权利，那就挑他没听过的图画书吧！这样既可以满足孩子重复阅读的喜好，也可以推动阅读新作品的进展。有时，在孩子阅读过程中还会出现另一个有趣的现象：当新作品的内容引发他的兴趣时，下次选书的时候，他会舍弃最喜爱的其中一本，选择昨日你朗读给他听的新故事。

在床前朗读图画书给小菩提听，轻柔淡雅的音乐是最好的背景。我说：“小菩提，你选两本书，爸爸选三本书。今天念五本书给你听。”

他将书挑出来，跟昨天一模一样。这个时期的孩子喜欢“重复”，不必为这种事感到厌烦。幼儿喜欢他所熟悉的事情，这是他可以驾驭的经验。但我会刻意挑新的图画书念给他听。

这是我们的约定，每次念故事一定要有新的图画书加进来。朗读新故事是期待小菩提接收新的知识。久而久之，讲床前故事已成为我们固定的共读形式。

对孩子而言，图画书中的文字是一种陌生又新奇的符号，大人每一次给他们念书时，这些文字看起来总是一模一样，于是他们知道这些符号的音义是一致的。

孩子初期的阅读当然不是以文字为主。幼儿在阅读文字之前，要先会阅读图画。“图像阅读”成了孩子进入书中世界的一个途径，图画书是幼儿教育最好的读本。

孩子听故事时，那专注的神情，正是“聆听阅读”的表现，这又有别于“图像阅读”。念故事给孩子听，孩子仔细聆听，他们的小脑袋瓜正启动对故事叙事的兴趣，这能够帮助他们去领悟角色、主题与情节，这对他们的学习会有影响，他们可以被培养成喜爱阅读的人。

我念《子儿，吐吐》给小菩提听。我把书拿到他的面前，让他舒舒服服地坐在我的腿上，我从封面开始讲起。他对头上长一棵树的胖脸儿很好奇，想知道是怎么回事。念《子儿，吐吐》时，我也介绍了作者李瑾伦。

我喜欢《子儿，吐吐》，它能把孩子的心理状态用图像表现出来。故事大意如下：

小猪胖脸儿吃木瓜，竟然把子儿吃下肚了。大家紧张

《子儿，吐吐》封面及内页

起来，说吃了子儿会死掉，不会死掉，也会长树。胖脸儿想象自己头上长树的样子，吓得脸都发白了。但他往好处想，觉得头上长出木瓜树好处很多啊！他开始期待，还喝了很多水，睡觉还换边睡。结果，木瓜树并没有从头顶长出来，上厕所后，子儿全都在大便里。胖脸儿自我安慰，木瓜树没长出来也好，万一不好吃反而糟糕。

我读完封面之后，翻到内封，再念一次书名。翻开内页，故事开始了，我不急着念，先让小菩提看图，他张大眼睛浏览整个画面。然后，我再翻到下一页，同样地，稍停一下，这样做一方面是想让小菩提把前一页的内容消化一下，另一方面是想让他通过读图感受画面将要呈现的故事内容。

有时，小菩提不等我把这一页念完，急着要翻下一页，我会停下来，说：“你要自己读啊！”他停止动作时，我会继续念，而他执意翻页时，我也不阻止，让他翻。

听故事是阅读，对孩子而言，有时听故事也是游戏。他觉得翻页好玩，就让他好好玩，让他从翻页的动作中，体会一本书。有时，小菩提还有兴致听故事，我继续往下讲图画书里的故事情节。有时，他兴趣淡了，我就完全停下来，绝对不强迫他听。

《子儿，吐吐》是一本趣味盎然的书。当小菩提翻阅这本图画书看到一群猪时，他总能很快指出胖脸儿来。这是专属于幼儿的“图像阅读”的乐趣。当我把图画书故事念出来时，我带一点声音的表情常能引他哈哈大笑。

小菩提总是一再要求我再念一次。当我把《子儿，吐吐》最后一页念完，合上书现出封底，我会再停一下，说：“念完了！”这个动作是告诉小菩提，这本书读完了。

念图画书给孩子听，孩子学会欣赏作者的创作风格、了解情节铺陈、认同角色行为，这对培养孩子阅读兴趣有很大的帮助。孩子听故事的机会越多，他们得到的生活经验与知识就越多。

图画书深具魅力，其魅力在于图会讲故事。线条、形状、构图、颜色、画面的连续性等都是图画书的要素。图中的细节是有讲究的，更是有含意的。孩子总是会注意到细微的地方，许多文字没提到的细节，孩子都能在图中感受到。

韩国图画作家李惠利的《下雨天》就是用线条讲故事。这本书可以大声朗读，但若用声音比拟会更精彩。雨的声音，哗啦啦！淅沥沥！滴答答！雷响了，轰隆轰隆！还有狂风呼呼呼！图画书的声音就出现了。那天，我与一群五岁的孩子分享故事：

从封面开始，画面中的粗黑线条可以让人感受到雨下得很大，一翻到内页，可以感受到雨势的变化。通过朗读，你可以用比拟的声音带着孩子一起念出声来。下雨天，猎豹、狮子、蝴蝶、霸王龙、老虎、龙都在干什么？爸爸呢？他在干什么？虽然是粗黑炭笔绘制的线条，但线条的变化将动物栩栩如生的表情呈现出来。

《下雨天》封面及内页

此书的悬念——爸爸下雨天到底在做什么？这本书展现了极致的想象力，这归功于图画作家神来似的灵感，爸爸和动物坐在天空中的雨伞里。奇迹出现了，乌云的上方晴空万里。

我把这个故事念给孩子听，又说又演，还加入简单的戏剧活动和角色扮演。有别于《为爱朗读》的安静，这本图画书被我经营得很热闹。让我感动的是，孩子跟我一起阅读时，不只是跟我“演”故事，在我的引导下，他们留意细节，感受到了线条的变化。下雨天，老虎的无聊、蝴蝶的小心翼翼、霸王龙的开心……他们都能尝试扮演，且演得很好。这种引导孩子阅读图画书的朗读，我称它为“创造性戏剧朗读”。

幼儿喜欢大人为他们念故事，你要在这个方面有这样的观念：通过朗读将故事中包含的意义、情感、态度以及对故事的解释，传递给孩子，使孩子的心灵随成人的朗读声进入故事的世界。

不识字看书看什么

孩子不识字看书看什么？这就需要你念给他听，你还要指着文字，把文字朗读出来。先来谈谈孩子对文字的感觉。文字是有意义的，但在孩子眼中，文字是一连串的符号。文字是有意义的符号，孩子在未接受识字训练之前，这些符号对他们而言简直是密码。

孩子虽然看不懂文字，但他们还是会对文字投入高度的好奇、关注与兴趣。你念图画书故事时，念到那个位置，每次讲出的内容都一模一样，他们就知道文字有魔力，因为里面藏着故事。你把这些符号用声音表现出来，故事就出来了。孩子读图时，大致知道连贯性的图画表达的含意，当你朗读文字呈现故事内容时，他们就懂了，且显得津津有味，还要求你一次又一次朗读呢！

孩子读图时，文字总是跟随图画来叙述情节。图画书是以图画为主，文字为辅。这一点孩子很清楚。幼儿不识字，读书读什么？答案很明显，读图听故事。

当我反复念图画书给小菩提听时，他几乎已能将故事背下来。喜欢一本图画书时，他会一再要求我念这本书。每翻开一页，看到熟悉的图出现时，他几乎已能念出来了。用小指头指着文字，一字不漏地念着，好像他已懂得这些文字似的。

我惊讶地看着小菩提的神情，这不就是我念书给他听的样子吗？原来他在模仿，在念书给你听呢！

读图，是幼儿阅读的一个重要过程。你念出文字，给图带出意义，图就形成一种实质的表征，读图有助幼儿认知与学习。表征是代表或表达事物的方式，它可以是文字、符号或图。幼儿读图，接触图的实物表征，他们的脑中就形成了概念。

当他们看到实物时，就会自动联结脑海中的概念完成学习。这是幼儿经由阅读听故事形成的一种经验，看到实物时，反复印证经验以达到学习需要的熟悉度。这就是为什么人生刚刚开始的幼儿，也会有人生经验的原因。

借由阅读听故事开始积累经验，这经验正是储备中的“先备经验”，作为以后学习的先前知识。还有一个有趣现象，当孩子学会了某件事情一旦孩子的兴趣被激发，孩子会一直要求反复操作那件事情，且乐此不疲。你为孩子讲故事，激发他对故事的兴趣之后，孩子就会要求你常常为他们讲故事。幼儿的阅读习惯就是这样养成的。

当你带领孩子大量阅读，反复阅读时，还要做到让孩子阅读不偏食。这样书中提供的知识与经验便会在他那小小的脑袋瓜里积累起来。爱阅读听故事的孩子比较聪明，因为他不断从书中吸收知识与经验，当他的“先备知识”与“先备经验”得到积累时，就是在为他未来学习做铺垫。这也就是基础学习能力的养成，一切都是因为图与文并进，然后学习这件事情就开始了。

研究指出，让孩子学会语言的主要方法是，让他们能亲眼看见、亲耳听见或是亲身经历口语所说的内容。口语与情境的联结是学习最佳方式，反复操作形成经验。例如，跟孩子说：“妈妈来了！”为什么孩子会熟悉这句话？因为当他听到这句话，也真的看到妈妈走过来，口语与情境联结起来，他的脑海中就会立即建立与这相对应的经验。

我买了一本有关汽车的图画书给小菩提阅读，我指着各式各样的小汽车，念给他听。其中他对金龟车最感兴趣。有一天，在街上看到一部柠檬黄的金龟车从我们眼前开过，他立即大叫：“金龟车。”

在动物园，我们看到变色龙，不需要我介绍，他已经大声喊："变色龙！"我讶异："你怎么知道那是变色龙？"他说在书上看过。我想起来，我念过《变色龙不变色？》这本书给他听。小菩提对变色龙已经有了初步认识，他瞪大眼睛仔细观察，十分好奇。从书上的变色龙到真实的变色龙，他的一种经验就形成了。这就是他的学习，他通过图画书开始认识世界。

这些表征因为具备意义，孩子从图开始的阅读也就有意义了。你念故事给孩子听，孩子循着图的脉络，通过生动的声调，进入精彩的情节。无论是认知类的图画书，还是故事类的图画书，阅读本是认识世界的方式。

幼儿不认识字，阅读时却煞有介事。听故事时，他们认真翻阅，他们到底在读什么？

"看图命名"是幼儿阅读初期的现象。孩子将每一页都视为独立的图，与下一页没有关系，翻页时还会跳跃，这一页与上一页不一定联结。他们会指着书中的图说汽车、小花、鱼等。

"看图说动作"是幼儿指着图，看图像里的动作，绘声绘色地"说图"。因为他们还不会联结每一页图画，理解图画之间的关系，未能系统组织故事，图画在孩子看来是各自独立的。

"看图编故事"是幼儿已能看着图像自己编故事，这时，他们已能联结页与页之间的关系，说的内容也以故事的形式呈现。有趣的是，这个时期的孩子讲的内容，不一定跟书上叙述的内容一样。

"看图讲故事"的孩子在大量反复听照顾者讲图画书故事，熟悉故事情节之后，已能自行看图讲述故事，他们讲的情节大致跟书上一样，甚至能背出内容。

我整理了一张表格，这样你更能一目了然地看到幼儿阅读进程。这个过程是具有意义的，你不但要引导，还要制造机会让孩子乐在其中。

名称	现象
看图命名	一、孩子将每一页都视为独立的图，与下一页没关系。 二、孩子翻页时会跳跃，这一页与上一页不一定联结。 三、孩子指着书中的图，说出汽车、小花、鱼等。
看图说动作	一、孩子指着图，看图画的动作，绘声绘色地“说图”。 二、孩子不会联结图画之间的关系。 三、看图说动作，各自独立。
看图编故事	一、孩子能看图编故事，在他们看来，页与页之间已存在关联。 二、孩子讲的内容以故事形式呈现。 三、孩子讲的内容，不一定跟书上一样。
看图讲故事	一、孩子大量反复听图画书故事，已熟悉故事情节。 二、孩子能自行看图讲述故事，情节大致跟书上一样。 三、孩子有时能背出故事内容。

这几个过程，在孩子自行阅读时都会发生。读图是他们认知的开始，也是学习的必然。你应该提供这样的机会给孩子，引导他们，让他们知道书本是有意义的。

我为小菩提念完故事之后，只要他愿意，我都会将图画书留给他，以便他再一次翻阅。我注意到他翻阅图画书时会看着图，回味我刚刚跟他讲的故事内容。这是一种复习，或者说是反复操作。没多久，他已能看图讲故事了。他要我念他已经读了很多遍的图画书给他听，只要内容稍有出入，他会立即纠正我。

给孩子提供阅读的机会。图画书看似很浅显，幼儿却需要运用大量脑力。他们阅读时念念有词，是为了增强阅读感受，寻求自我的理解，也代表他们亟欲认识世界的渴望。

阅读，体验式认知学习

我给幼儿园的幼儿朗读故事时，只要他们愿意，总能陶醉在故事的氛围之中。

朗读是引导幼儿阅读最简单实用的方法。当你为孩子念一本图画书时，已经为孩子启动阅读的按钮。孩子看不懂文字，但对文字富含的意义深感兴趣。他们听故事时搭配图与情节的叙述，为故事着迷。

你给孩子念故事是一种分享，可以说是把你内在的思考表现出来。孩子接受故事，就会与你形成互动。孩子的情绪、性格也会相对稳定。你对孩子的教育也会比较轻松。

《雾中的刺猬》这本图画书正适合你安安静静地为孩子朗读。诺尔斯金创作的故事是安静的，亚布索娃的图也是安静的。在这本图画书中，雾中貌似宁静，实际上却充满危险。雾，会让人看不见前方的路，在前路未知的情况下行进，人会感到恐惧。这场雾中的冒险对幼儿来讲也算是特别的经验。小刺猬走进雾中，遇见了许多神奇的事物，也许是雾造成了小刺猬心理上的恐惧，不

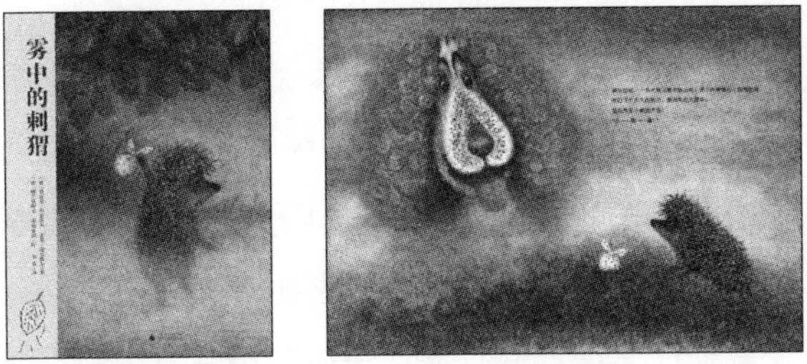

《雾中的刺猬》封面及内页

过，他遭遇危险，也受到帮助，最后成功从雾中走出。

故事梗概：

小刺猬要去小熊家看星星，走进松林里，小刺猬被一只猫头鹰跟上了。好奇的小刺猬在水洼里看见一颗星星，又向枯井投一块石头。雾来了，他发现一匹白马，他发现一只蜗牛，他被一群夜蛾包围。猫头鹰忽然出现，然后消失。小刺猬的包袱不见了。他举起小草，小草上有一只萤火虫，他继续往雾中走去。大狗从雾中跑出来，将包袱交给小刺猬。小刺猬掉进水里，鲶鱼救了他。最后，小刺猬到小熊家了，他们一起看星星。

故事貌似平缓地讲述一只小刺猬到小熊家的过程。我讲给幼儿园孩子听的时候，“照本宣科”地朗读内容。小刺猬在林中遇到大雾，大雾带来不可知的危险，这让孩子开始为小刺猬担心起来。他是遇到危险了，那只跟踪他的猫头鹰是不是要攻击他？最后，小刺猬平安到达小熊家。讲到这里，故事结束，孩子都松了口气。

幼儿喜欢充满希望、光明的结局，这会让他们感到安心。我想，若是小刺猬掉进水里淹死或出了什么意外，小熊等不到他，孩子一定会很伤心。这本图画书一直在调动孩子的情感。通过这本书，我与他们一起安静地互动，一起感受故事情节的起起伏伏。图画书提供我与孩子互动的平台。他们认识了雾，也在体验雾。虽是画在书上的雾，但他们对雾已经有更深一层的认识，对雾的认识也形成经验了。

图画书无形中成了互动平台。孩子通过互动平台，尝试将听到的故事与既有的知识整合，形成自己的经验，这也就是学习内化的重要过程。书是幼儿认知的快捷方式，你将图画书念给孩子听，就是让孩子走在认知的路上。书也是幼儿学习的重要资源，在幼儿园或家里都具有特殊的地位。

你念图画书给孩子听，这对孩子具有吸引力，孩子对此充满兴趣。孩子对图画书充满好奇，他们静静聆听着书中内容。你给孩子念图画书，这在他们成长过程中，是不可忽略的一个环节。

我为小菩提讲图画书《小年兽的好爸爸》时，一次次为他朗读。后来，换他讲给我听。当我听着小菩提“看图讲故事”，听他讲《小年兽的好爸爸》时，我笑着专注地听。我知道这个“互动平台”正发挥它的功能。当我发现小菩提把《小年兽的好爸爸》这个故事完整地讲出来，却又“加加减减”与原作有不同的内容之时，我讶异这个故事竟然有不一样的情节，这就是他自己用想象力添加的内容。

孩子将书里的知识学习内化之后才会有这样的反馈，这是知识的形成要经历的必然过程。需要注意的是，不要因为孩子讲的内容与图画书不一样就否定他："胡说，书上才不是这样写的，你讲错了。"这是在扼杀孩子的想象力。你不但不能说孩子错了，还要表扬孩子："你讲得好棒！"受到肯定的孩子会得意扬扬，他们的信心会得到大大提升，会表现得越来越勇敢，学习也会越来越有自信。

阅读图画书很重要，把图画书朗读给孩子听更重要。思考的外显来自这互动的平台。当你为孩子介绍书中文字、图画，在你叙述故事之时，语言产生了力量与乐趣。这种通过情节吸引孩子的图画书，特殊又重要。

为何图画书特殊又重要？幼儿园、幼教中心乃至家庭之中都应有图画书，图画书应当融入幼儿生活之中，因为它具有日常性。听故事是孩子天经地义的权益，照顾者在教养孩子的过程中不能剥夺他们的这项权益。你可以借着念一本图画书亲近幼儿，同时引导他们进入阅读的路径。

当孩子拿起一本自己喜爱的图画书，期待与我们分享，渴望我们念出来时，他们会沉浸在故事的氛围中，我们可以见到他们对故事的热情。图画书在幼儿生活中具备的特殊性就是，阅读图画书之后，幼儿的经验得以加深和扩充，生活变得丰富，这种深入与延伸的经验不需很复杂，却很重要。

我和小菩提的亲子互动，有很多时候是以图画书为互动平台完成的。他的反馈让我觉得很贴心，我念故事给他听，他也念故事给我听，有趣的是，他能一字不漏地念故事，又能"添油加醋"编自己的故事。

我提供故事给他，他提供惊奇给我。这"惊奇"来自他对故事的内化，形成了知识和经验。念一本图画书给孩子听，主要为了培养孩子对书产生感觉与兴趣。为什么要念图画书给孩子听？当念图画书给他们听时，就已经将图画书介绍给他们了，同时也激起孩子对图画书的兴趣。

为孩子念图画书应进入幼儿生活里，随时随地可以进行。但得有固定的共读时间，让孩子养成习惯，知道一天当中什么时候会念故事。这是照顾者可以安排的。

当我拿起图画书朗读时，小菩提陶醉在故事里，他对书籍越来越熟悉。

在念故事的过程中，你已通过听觉、视觉甚至触觉、口语，带着孩子走进故事情节中。孩子的学习，“体验式认知学习”是很重要的观念与过程。孩子不是小猫小狗，成人不应以机械式的方法对孩子加以训练，也不能刻意把自己的理解套在孩子的身上。

图画书阅读是“体验式认知学习”的方法之一，跟游戏一样重要。我念图画书《蜂蜜山》给一群五岁的幼儿听。这本书是汉斯·雅尼什写的故事，赫尔嘎·班石画的图。我喜欢这本书的启示：“只要心怀梦想，就没有到达不了的远方。”我通过声音与表情表现这本书的情节。

一只叫本的熊，肚子饿了，很饿很饿。嗯！我摸肚子，想吃东西，模仿图画中熊渴望食物的样子。孩子会发现图中的狮子还有小孩在吃水果，但刚冬眠睡醒的本却什么都没有。我引导孩子表现很饿的样子，他们玩得可开心了。“模仿”是体验式认知学习的一环，孩子是很乐意玩的。

《蜂蜜山》封面及内页

故事梗概：

然后，出现一只小蜜蜂，告诉本说："去蜂蜜山吧！"

蜂蜜山没有那么容易到达，本问路前往。这一路上，本遇见了猫、狗、老鼠、乌鸦、乌龟、兔子，他们都不太清楚蜂蜜山的确切位置，只是给本指出了大概的方向。猫认为蜂蜜山在牛奶湖旁边，狗认为蜂蜜山挨着骨头塔，老鼠认为它在大奶酪金字塔后面，乌鸦说走过面包桥就到了，乌龟说它在100座生菜山后面，兔子说穿过胡萝卜林就可以看见蜂蜜山。可是本还是不知道怎么走……

我让孩子试着扮演熊，他的憨厚、可爱，孩子好喜欢。他心里梦想着蜂蜜山，蜂蜜山就在眼前。是的！真的在眼前。

如果你在家里为孩子朗读这本书，建议你准备一杯蜂蜜水，在故事讲完之后，尝尝蜂蜜的滋味。这与平时喝蜂蜜水的感觉不一样。孩子就是本，体会本一旦到了蜂蜜山，喝了蜂蜜水，那种心情一定非常兴奋。"体验式认知学习"有时就是在这种扮演或是品尝中感受。

我在念故事时，我的"演"深深吸引了孩子的目光。念完图画书之后，我喜欢让他们再看一次书，给孩子提供再翻看刚听过的故事的机会，这是为了让他们对刚知道的故事加深印象。

你得尽早把书的概念介绍给孩子，所以念一本图画书便成为你应经常去做的事情。图画书强调的是通过念书带孩子进入书的世界。众多策略中，最好的策略也是简单实用的方法，在我看来，还是老实地朗读图画书给孩子听。

你应该创造一个亲子阅读的环境，用故事喂养孩子，下列表格是一些建议。

方式	做法	理由
大人阅读	一、大人要养成阅读习惯 二、大人也要阅读儿童文学作品 三、大人更要阅读图画书	大人是阅读守门人，也是引导人。当大人阅读童书时，才能领略儿童文学作品的美妙与必要，才知道给孩子什么。
阅读时间	一、一有机会就朗读图画书 二、一有时间就讲故事 三、每天固定时间阅读 四、讲床前故事	养成讲故事的习惯。随时随地带给孩子听故事的惊喜；固定时间是为了让孩子对听故事有期待。共读可以增进亲子之间的情感交流。
阅读空间	一、在任何地方都可以讲故事 二、尽可能让自己随手都可拿到图画书 三、设置孩子专用的书柜 四、在家里设置图书角	创造阅读的环境，制造听故事的氛围。孩子知道这是自己的专属区域，容易养成阅读听故事的习惯。

续表

方式	做法	理由
亲子共读	一、朗读图画书给孩子听 二、听孩子讲图画书故事 三、进行图画书故事的讨论或游戏	让孩子知道书是有意义的。共读的引导，陪读的伴随，故事的讨论，会让孩子体会书中世界的丰富与乐趣。
说演故事	一、具备“演奏”图画书技巧 二、具备说演故事能力 三、具备创造性戏剧朗读的技巧	讲故事是把阅读变得更有趣。不仅是有趣，还能培养孩子的说话能力。戏剧性故事可以引导孩子进行肢体开发。
阅读活动	一、带孩子去逛图书馆并且借书 二、带孩子逛书店并且买书 三、带孩子参加故事会 四、带孩子去看儿童剧	让孩子知道阅读、听故事可以是多元化的。让孩子知道图书馆是一座知识宝藏。买书是一种正向行为。故事会、儿童剧都是动态阅读活动。
阅读团体	一、几个家庭一起组成阅读团体 二、成为相关的阅读组织的会员 三、成为绘本馆会员 四、关注网络阅读组织	你会获得相关阅读或故事活动的信息，获取幼儿的教养信息或阅读知识。可以交流参加阅读活动的收获，扩大亲子阅读空间。

让孩子意识到文字在讲故事

孩子以图画为线索来记忆图画书的内容，这是有趣的现象，虽然他们知道自己所说的内容其实就是书上文字所呈现的。孩子会用手指着图画书上面的文字，这是他们在模仿成人阅读时的样子。孩子甚至知道是文字在讲故事。你在朗读的时候，建议你用手指指着文字，随着情节走。这是你与孩子一对一，一起读故事时的做法，孩子会发现文字与故事的关系，这对他们来说，可是了不起的事情。

这是孩子积累的阅读经验，相较之下，较少听故事的孩子，可能还不会发现文字与故事的关系。图画是很吸引人的，他们不会认真看图画书上面的字，甚至未察觉书上还有字。所以，知道文字是在讲述故事，这对孩子而言，俨然是一大发现。

我观察了小菩提听我讲故事时的一些表现。他对故事真正有感觉，约是在学步阶段。他抓起一本图画书，想要知道里面讲什么，把书拿到我的面前要求我念。

小菩提懂得故事内容的关联，文字搭配着图画形成有意义的叙述，他的脑海里已有画面结合故事的想象。当孩子越来越懂得把故事内容联结起来的时候，他们就开始懂得听故事，且对故事有感觉了。

说说图画书作家五味太郎吧。他真是一位幽默大师，他的作品与众不同，其特点可从四个方面来分析：轻松幽默，绝不加入严肃的教训；题材广泛，但也不局限前人创作过的题材；图画贴近幼儿，画面可爱、质朴，强调视觉感受；具有高度的创意，加入新点子。

我喜欢五味太郎的图画书，因为他的作品特别贴近幼儿，我常念他的作品给小菩提听，大概是受我的影响，小菩提对五味太郎的作品也很有感觉。

《爸爸去哪儿了？》封面

不只是《鳄鱼怕怕 牙医怕怕》。他也会拿起《爸爸去哪儿了？》要我朗读。这本书让我觉得很不错，原因不是因为爸爸也会走丢这有趣的议题，而是五味太郎在每一个跨页中，都安排一个线索，引导孩子去捕捉爸爸的形象。这正符合阅读中“找”的策略。

故事梗概：

爸爸带着小宝去百货公司，就在小宝专心玩电动玩具时，爸爸走丢了。小宝去找爸爸，看见爸爸的西装，啊！那不是爸爸；看到爸爸的帽子，啊！也不是爸爸；看见爸爸的鞋子，啊！更不是爸爸。小宝找到爸爸。爸爸还说：“小宝，你跑哪儿去了？我以为我找不到你了。”小宝说：“爸爸，别担心，我一定会找到你。”他们快乐地回家了。

这本图画书最有趣的地方是：不知道是谁在找谁。小宝认为是爸爸走丢了，他成了小大人，把走丢的爸爸找到带回家。我念这本图画书，小菩提咯咯咯地笑，他结合文字与画面进行阅读，我陪着他一起找“爸爸”。图画中一直出现线索，西装、帽子、鞋子、领带等，五味太郎很会藏爸爸，却故意露出小地方让你寻找，然

《妈妈》封面及内页

后再揭示答案。我与小菩提的阅读讲故事，因为“找”而充满乐趣，最好玩的是他还乐此不疲。

现实中，爸爸也会“走丢”哦！如果是孩子走失，那就无趣了。在图画书中孩子轻松应对困难，这可以成为孩子学习的经验。书上的事物，若能成为现实的教育，这经验就成为启示。孩子会将现实与经验自然联结，当认知形成的印象作为认识世界的经验时，这是孩子必须历经成长的阶段的积累，最重要的是你必须不断给孩子念故事，给予孩子安定。

父母为孩子念的第一本图画书，极少是以故事为主的书，往往是认知类的书，它会启动幼儿的先备经验。我为小菩提朗读的第一本图画书是林良写的《妈妈》。这本厚厚的书，没几个字，我把它大声朗读给小菩提听，让他获得每天和妈妈相处的经验。

小菩提体会到妈妈在他生命中非常重要，这是亲情的流露，体现在实际生活里与妈妈相处的过程中。小菩提与妈妈朝夕相处的经验是越来越多，当我朗读图画书《永远爱你》之后，他纯真的感情自然流露，跑去紧紧地抱妈妈。

在关于身体的认知类图画书中，小菩提认识了牙齿；在关于动物的认知类图画书中，小菩提认识了鳄鱼。我又想起当我为小菩提朗读五味太郎的图画书《鳄鱼怕怕 牙医怕怕》时，他马上指出牙齿与鳄鱼。

这本图画书里图画的含义大于文字叙述，存在互动关系，产生一种妙不可言的教育寓意。他对牙齿与鳄鱼已有了认知，一打开图画书，他马上进行认知联结。听完简单的故事朗读之后，他马上爱上了这本书。我告诉他爱护牙齿的重要性，刚长牙的他，似乎已经知道了。

我不在乎这种置入式的教育有没有效，我在乎的是他是否爱上了阅读。后来，小菩提每天都要翻一翻《鳄鱼怕怕 牙医怕怕》这本书，我每天总要给他念几次。然后，他指着鳄鱼的牙齿，再指自己的牙齿咯咯咯地笑，他爱上了这本书。

孩子阅读是有阶段性的，每一阶段都有它独一无二的特征，这取决于孩子的成熟度。例如，年龄较小的孩子，他们阅读时倾向于将图画书的每一页图画当作一个独立的单元来处理，而不是当作故事的一部分，而年龄较大的孩子知道图画书的每一页是整个故事的一部分。

然而，孩子阅读经验迈向下一阶段，趋向成熟，应是归功于你提供孩子阅读经验的结果。

“阶段”是一个有意义的名词，意谓孩子都会历经一定的成长过程，阅读也是有阶段的。长期陪伴孩子为他们念故事，让他们通过阅读不断形成经验。“经验”对幼儿而言，是探知新世界最好的礼物。这需要你的协助、引导与参与。

故事阅读的经验养成，是从未成型故事到成型故事，从口语到像书面语，这个过程部分地反映了孩子听读故事经验的养成。

在这个过程中，爸爸妈妈或其他照顾者扮演了推动者的角色。

我为小菩提念故事，历经从以图画为主的图画书到以文字为主的故事书。图画书运用图画让孩子理解内容。我常用手指着图画跟小菩提讲故事甚至讨论，不久我会指着文字搭配图画叙述，这是在告诉小菩提是文字让故事有意义。

孩子看到你指着书上的文字，这帮助他们理解讲故事的还有图画书里的文字而不只是图画。从学步儿到学龄前幼儿引发关于文字与图画的经验，图画书里出现文字，在你引导之下，必然会引起他们注意。当孩子意识到这一点，这时的阅读经验已经在跨越了。

先读图，再念文字

松居直说："我晓得一个人可以在读图的过程中，有了发现细部的乐趣；在懵懵懂懂中，我也领会到语言与图像之间的互补作用。图像与语言合而为一，有时，则是两者相互竞争。在那样的竞逐中，会带给人紧张的快感，无形中，会觉得自己好像是在观赏一出戏剧一般。有时语言转化成图，有时图转化成语言。我们从中看到无限的想象世界……孩子们很单纯地从图画书里找到图文的作用，并乐在其中。绘本是大人念给小孩听的书。"

先读图画书的图，再念文字，这是有意义的，你若站在孩子的角度看，就明白了。幼儿识字不多，以阅读图画来增进认知，吸收新知与了解事物，进而培养阅读文字的能力。图画书是打开孩子阅读世界的敲门砖，在孩子情感联结上具有重要意义。

我让小菩提坐在怀里，他听我朗读图画书中的故事，在我朗读的过程中，小菩提时而安安静静听我念书，时而提出看法与我对话。我指着文字念出内容，感受到我们亲子之间的情感正在加深。念图画书给孩子听，无形中灌输孩子对书的好印象。在亲情交流中，孩子也能深刻体会爸妈的关怀，进而建立对图画书的好感。在他们印象中，图画书不仅有趣好玩，更有爸妈或照顾者的爱与关怀。

孩子早期阅读离不开图画书，他们阅读生涯的开始以及学会阅读就是从图画书开始的。图画书是幼儿人生的第一本书。阅读图画书，孩子通过图画读懂故事，再借由成人口语的叙述，加深对故事的理解与印象。它培养孩子能把故事中眼睛看不见的世界，变成心中看得见画面的能力，也就是想象力。

根据心理学家所说，幼儿听图画书故事，大量的图画提供理解，效果非常神奇。假设没有图画提供仅是单纯地听故事，将孩子的理解力设定在100%,当有图画之后,幼儿的理解力就提高了。

数据显示，三岁到四岁半幼儿的理解力得到提升，四岁半到六岁的幼儿的理解力也提升了。年纪越小的孩子，通过图画来欣赏故事所获得的效益越大。我喜欢与小菩提一起阅读图画书，我们不仅是简单地共读，还深入地讨论情节。在我为他念上好几遍之后，他已经熟悉这本图画书的内容了。

幼儿时期的孩子，正处于最爱发问的年龄。他们的问题是很棘手的。有时令人发笑，有时让人不知道该怎么回答，但你还必须回答，以满足孩子的求知欲。在“读图”的时期，图画书的功能是可以引导孩子进入自己的想象世界。你是推手，通过图画来

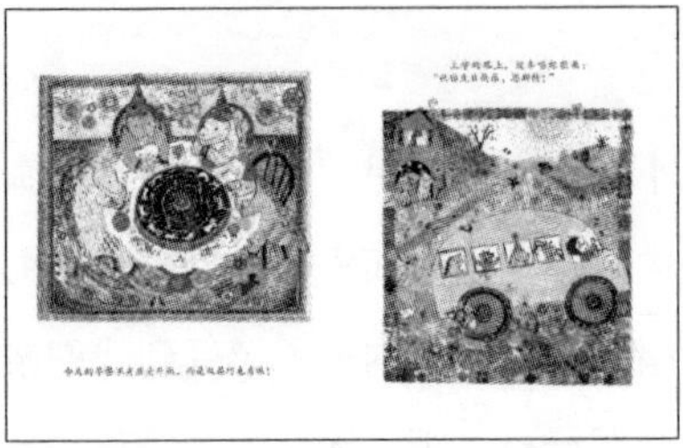

《问个不停的小鳄鱼》封面及内页

慰藉他满是疑问想要获知的心灵。

我喜欢《问个不停的小鳄鱼》这本图画书。美国《学校图书馆杂志》这么介绍它：“无论孩子或是艺术家都无法拒绝这样的故事开头：‘从前，在一个到处是阳光、大树、昆虫、贝壳、鸟儿和美丽夜色的地方……住着一只叫作恩斯特的小鳄鱼，他特别喜欢问“要是……会怎么样呢？”’作者用点绘和晕染的手法绘制了这些饱满而精巧的画面，映现出小鳄鱼心中那个明净光亮的世界。”

当孩子发问的时候，心中是纯净的，这是种美好的感觉。同时，孩子对这个世界的认识是从好奇、不断发问中学习到的。美国《出版人周刊》提道：“只要看看他问了多少问题，就知道他对这个世界有多么热爱。”孩子对世界的好奇，表现了他对世界的热爱。

我想用图画书引导孩子，让孩子的疑问在读图中得到解答。当然，你也要扮演解答者的角色。让亲子互动在图画书的故事氛围之中得到和谐发展，那是一种莫大的幸福。孩子读着《问个不停的小鳄鱼》时，会呵呵地笑！他知道那是在讲他自己，他不会排斥，还会觉得很有趣。读图让孩子在图画中感受世界，他也许有很多想不明白的问题，但他是幸福的。

第五章 朗读，原来如此

念故事的方法

有效朗读，让孩子期待

念故事启蒙孩子阅读

选择一本图画书

孩子有读图的权利

念故事的方法

念故事的简单方法就是朗读。朗读有一股不可思议的魔力。当文字化作声音成为故事被朗读出来时，你会发现孩子变得安静、专注、投入。

松居直说："对小孩子来说，自己周边全是大个儿东西、厉害的东西，甚至是恐怖的东西，就像是到了巨人国的格列佛一样，遇到的都是之前没有经历过的事情，会感到不安和恐惧。而有的图画书很神奇，它会给这些有恐惧心理的孩子们以安全感、力量和勇气。'坚强些！''拿出勇气来！'与其对孩子这样说，不如让他坐在你的膝盖上，搂着他，给它朗读《拉兹和狮子》。"我相信，"朗读有一股安定的力量"。

常听人说孩子的专注力不够，要加以训练。花钱上课实施一堆方案，教材教具买回来也不常使用。我认为最有效的专注力训练，就是扎扎实实地朗读。

念故事给孩子听很容易操作。最简单的方法就是"念"。观察幼儿，一旦他们投入故事的情境里，那种专注，绝不是花钱能够换来的。

我为小菩提念故事，他会有所期待。朗读时，我也会观察他的行为。三岁的幼儿几乎坐不住，不过神奇的事情发生了，他静静地听我念着《母鸡萝丝去散步》，他看着图，非常紧张，担心母鸡被狐狸抓走，翻页之后，得知母鸡没事了，他松了一口气。

小菩提已读过这本图画书好几次了，有趣的是，他明明知道下一页一定是狐狸受到惩罚，他还是会"紧张"一下。我认为他对故事的专注，绝不是刻意训练出来的。

朗读对孩子的学习具有很大的影响。有关脑部发展的研究指出，孩子脑部早期发展的重要性，远超乎我们的想象。这意味着照顾者千万不可轻忽幼儿的学习发展，这关乎他们脑的成长。

刚出生的婴儿，脑部发展仅有 25%。从他出生的那一刻起，每当大人陪他玩，喂他吃东西，拥抱他，给他唱歌、念故事等，这些行为就是为了刺激他大脑另外 75% 的发展。

早教是提供学习的一种方式。我建议的方式，就是朗读，且是普通的朗读。方法很简单，不用太花哨，更不需要特地去识字。从触觉、视觉、嗅觉、听觉、味觉等方面刺激感官越多，越能促进孩子的脑部发展。学习关键期即从这个观念出发。

我很喜欢一本与孩子生活亲切互动的图画书——《呼啦啦，画画啦！》，它的绘者是韩国籍的作家苏西·李，她了解孩子心理，也懂得孩子调皮的特性。她画了一个温暖的故事，借由孩子的洗澡，拿起画笔恣意让想象力奔驰，他们游戏，他们探索幻想世界。虽然一切都只是在洗澡的过程中。

故事梗概：

小珍和小勋在玩耍，妈妈喊他们去洗澡。爱玩的他们，找出许多颜料，然后用自己的身体当画板。小珍用紫色颜料把自己涂成了猫咪，而小勋则用红色颜料把自己涂成印第安人的酋长。他们玩得很开心，后来干脆把衣服脱光了。他们用颜料涂抹自己的脸和身体，进行想象，做各种装扮。最后，乱涂乱画的两个人都变成了“邋遢鬼”。然后，他

《呼啦啦，画画啦！》封面及内页

们进入浴室洗澡，妈妈却没有责骂他们，而是微笑着将这两只“邋遢鬼”洗干净了。

我念这本图画书给孩子听的时候，我和孩子一起感受主人公的顽皮捣蛋，一起尽情地大笑，我们都开心极了。我眼前的一群孩子，他们听着故事，与小珍和小勋一起画画，在身上、墙壁上画着，随着图画书故事情节的推进，自由地想象。孩子怕无聊，更怕太多的规矩。在适当的时候，规矩是可以打破的。我见到眼前的孩子也渴望能进行这样的尝试，或许他们还是有些顾虑，不过我认为被图画书启迪后，孩子更能体验生活。

这都是需要“感官刺激”的。孩子的成长需要你的引导，你若放开手让孩子体验生活，任由孩子发挥想象，他们的童年将会丰富多彩。而《呼啦啦，画画啦！》这本书是在为儿童发声。

你念故事给孩子听的时候，他们已经如海绵般不断吸收、学习。当孩子第一次听见说话声、歌曲旋律，或带有节奏、音韵的故事语言，以及其中重复的文句时，就已缓缓奠定了他们的阅读基础。

相比之下，较少听见说话声音、歌曲以及故事的孩子，上学之后，总觉得学习是一种负担。最糟糕的是，阅读变成了他们的障碍，因为他们根本无法从书本中得到愉悦与惊喜。

在孩子早期的发展中，照顾者作为声音的提供者是非常重要的。将故事朗读给他们听，不仅有助于他们将来阅读能力的提升，也能快速培养他们的说话能力与技巧。

语言来自模仿学习，需要重复演练。除非大人跟孩子说话，否则他们不能也不会学习语言。这一点也就是心理学家以及语言治疗师，一再鼓励父母和其他照顾者经常跟孩子讲话、谈心的原因。尤其是在孩子三岁之前的学习关键期，进行有意义的深入对谈对孩子的学习与智商提高有很大的帮助。换一个说法，越是常跟孩子说有意义的话，他们就越聪明。

松居直说："孩子拿到一本图画书，往往会先被图调起情绪，而好的图画书，尤其优秀文字会使孩子领略到语言的奇妙，同时将这种语言的力量内化为自身的东西储备着，作为成长经验中的一份丰富积累。"什么是有意义的话？除了一般生活用语，念故事是照顾者提供孩子听的接收最好的方式，故事叙述是给予孩子有意义话语的选项之一，朗读故事可以刺激他们自然地学习语言。

我喜欢为小菩提朗读，然后和他一起讨论故事。我将图画书分成几个讨论点：故事内容、图画部分、故事里的价值观。我们会根据这几个讨论点分享彼此的意见。

色彩缤纷的艾玛是多么与众不同，他担心别人不喜欢他，用泥浆将自己涂得跟其他大象一样。当我念完《花格子大象艾玛》，与小菩提讨论时，我告诉他："你是特别的。爸爸妈妈永远爱你。"他发现艾玛纵使非常不一样，其他大象还是一样关心他。

为孩子朗读，与他们讨论故事，可以训练他们的大脑，帮助他们增强专注力，学会推理，锻炼逻辑思考能力，并以其解决问题，而且讨论故事还能让孩子简洁清晰地表达自己的思想。故事内容可以提供孩子智慧，吸收全新的语句，也能了解文字的奥妙。

文字是建立大脑思考机制的关键，孩子接触文字与语言越多，文字与语言对孩子的大脑发展越有帮助。反之，孩子越少接触文字与语言，他们脑部发展就会显得越迟缓。但是，孩子的大脑发展是大人通过书本与孩子互动、对话才可以获得的，绝不是像看电视一样单一接收就可以得到的。

有效朗读，让孩子期待

朗读的概念不仅是念故事这么简单。念一首儿歌、童谣或小诗都是很美好的事情。只要能引起孩子的兴趣，就可以让他爱上阅读。你可以运用策略让孩子对阅读活动有所期待。

小菩提读中班的时候，我为他念《西游记》。这是一部章回体小说，我朗读前，会先读一段故事，因为这部小说是用书面语写成，我必须先内化，再用小菩提听得懂的语言念出来。

故事开头，孙悟空从石头里蹦出来，小菩提的兴趣就被激发了。从大闹天宫到前往西天取经，在这个过程中，孙悟空遇到了很多磨难，受到了牛魔王、铁扇公主、蜘蛛精等各种妖怪的阻挠。小菩提听得津津有味，每天都在期待睡觉前的床前故事时间。

给小菩提念《西游记》是个有效朗读引导孩子进入充满冒险的世界的例子。《西游记》故事精彩，孙悟空他们遭遇一回又一回的危机，然后他们的危机一次次被化解，他们一次次得救。随着故事的不断发展，小菩提每天都有进度，期待着在我的声音演出中，听完整部《西游记》。

在这个念故事的过程中，小菩提探索更多《西游记》不同版本的兴趣被激发。妈妈带他到图书馆，他把《西游记》动画光盘借回家了，坐在电视机前仔细观看。一段时间之后，他告诉我哪些情节故事书里有，动画光盘没有，哪些内容动画光盘跟书上的不一样。

这让我有些讶异，小菩提能将以不同形式表现的《西游记》进行比较，还能指出哪些地方有差异。朗读不仅是念出故事而已，它还具有节奏性的语句，幼儿也非常喜欢。年龄小的孩子很喜欢有节奏的句子，这很能吸引他们。

有韵律感的作品很适合朗读，照顾者若能将其念得充满戏剧性，在韵律感的节奏中反复朗读，让孩子感到有趣，他会随着你的节拍，像唱歌一样跟着朗读。

例如诗人林焕彰的作品《小猫走路没有声音》，这本书既是童诗集也是图画书。童诗本就是具有韵律的文学作品。《小猫走路没有声音》中一共收录了十六首林焕彰写的关于猫的诗，猫的声音、动作、顽皮的形态都入了诗。

这些诗读起来很有动感，我轻轻地念给小菩提听。听到小猫走路没有声音，小菩提的想象力开始飞翔了，小猫走路为什么没有声音？小猫穿的鞋子是妈妈用最好的皮做的。小猫知道它的鞋子是妈妈用最好的皮做的，所以小猫走路没有声音。小菩提听得很认真，觉得有趣，他跟着我轻轻朗读。孩子需要韵文熏陶，儿歌、

《小猫走路没有声音》封面及内页

童诗绘制成的绘本，都是最好的作品。

又如《妈妈的小裤裤》，有一段叙述具有韵律感：

> 吱！吱！小老鼠图案的小裤裤，如果给妈妈穿上的话，吼！就变成大熊了；啪哒！啪哒！小鱼图案的小裤裤，如果给妈妈穿上的话，哗啦！就变成了大鲸鱼。

这具有节奏性的句子，重复表现，很能吸引孩子的注意。这本图画书逗趣的地方，竟是拿妈妈的内裤做文章，在幼儿的眼里，小小的内裤图案经妈妈一穿全部都改变了。

我念这本书给小菩提听的时候，他呵呵地笑，觉得很有趣。最有趣的是小小的图案，在撑大之后的变化，已经不是原来的样子，这能激发他的好奇心与探索的心。

轻声朗读有韵律的作品，缓缓念出有情节的故事，这需要照顾者提供幼儿阅读的经验，仰赖照顾者完成。其实可以随时为幼儿朗读，在熟悉我们的声音之后，幼儿时时刻刻都在期待我们为他们朗读。

研究指出，每当我们朗读文字给孩子听，与孩子讨论问题时，即使念的是普通的东西，比如一起讨论圣诞节礼物目录、谷类早餐的包装盒或者杂志，都有助于凝聚亲子感情，开发孩子的文字能力。

一本轻松易懂、浅显有趣的书籍，就像《妈妈的小裤裤》之类的图画书，更能激发孩子的好奇心与兴趣。

在朗读一本书之后，我在引导小菩提时，还喜欢制造问答的题目问问他。我任由他天马行空地去想象与回答，他的答案都对。

我问："小猫咪，变大，变大，变什么？"

小菩提说："吼！大狮子！"

我点点头，摸摸他的头。我问："小蝴蝶，变大，变大，变什么？"

他回答："大飞翔！"

我点点头，还是摸摸他的头："答对了！大飞翔！"

我至今仍不明白什么是大飞翔，但我很怀念亲子共读的时光，在我们的朗读、提问与讨论中，小菩提收获了奠定他以后学习的能力。

念故事启蒙孩子阅读

我相信，一本书就是一个值得探索的世界。它吸引孩子去探索，得到的益处绝不止书上所讲的内容。深藏其中的功能，正逐步影响孩子。虽然孩子年纪小，书中世界却可以任其遨游，关键是我们大人必须牵着他们的手，走进书中的世界。

日本童书界具有影响力的松居直提道：念书给孩子听，就好像和孩子手牵手到故事王国去旅行，共同享受充满温暖语言的快乐时光。孩子通过阅读学习，而阅读来自照顾者的声音。

这是一趟心灵旅程，只需要做几个简单的动作：打开书，念出声。别担心孩子听不懂话，看不懂字，他会喜欢我们的温柔细语，喜欢我们的朗读，喜欢我们手上的图画书。我们轻轻地念着故事，他会全神贯注地随着声音节奏的变化进入情节的氛围里。

1992 年，全世界第一个婴幼儿赠书计划——“阅读起步走”（Bookstart）在英国伯明翰起跑。当时约有三百个孩子参加这项活动，父母延续计划进行亲子阅读。伯明翰大学持续追踪这三百个孩子后来的表现。

研究发现，在上学之后，他们基本学力测验的成绩优于其他孩子。语文能力好，连算术能力也优于其他人，阅读对孩子的影响相当深远。“阅读起步走”赠书活动引起了各国政府的注意，纷纷起而仿效。

鼓励爸爸妈妈念故事给孩子听，但这过程绝对是循序渐进的，且要掌握幼儿的学习关键期才会有效益。

朗读是扣紧孩子阅读的重要方式，我们可以做一些规划。要让孩子喜欢阅读，必须让他对阅读有所期待。我们可以借由一些朗读技巧来培养孩子对阅读的期盼。

朗读图画书的时候，我们可以注意一些重复句，或者一些带有“观念”的叙述。朗读重复语句与带有“观念”的叙述，可以强化孩子在某方面的认知。

对孩子而言，生活之中的学习，包括那些阅读常识，并不是来自直接的授课，而是来自间接的经验积累。这经验积累是仰赖我们与孩子一起进行的阅读与互动形成的经验，是逐渐积累来的。

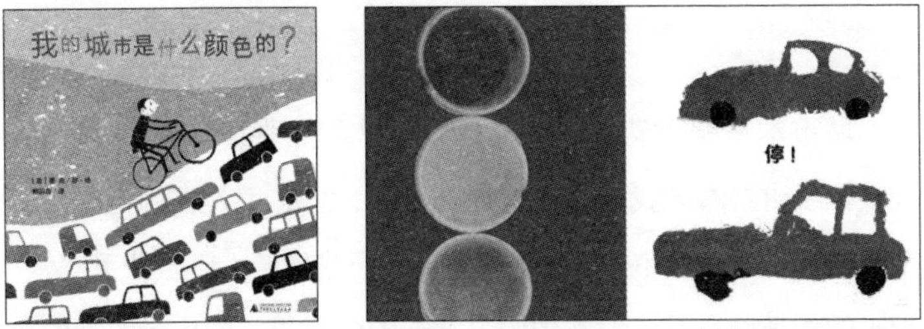

《我的城市是什么颜色的？》封面及内页

《我的城市是什么颜色的？》是一本图文简单的、有意思的图画书。意大利的图画作家墨克运用巧思，让孩子去认识城市的颜色。我静静地翻阅，通过图文配合，把这本书讲给三岁的孩子听。这个年纪的孩子爱发问，对自己身边的一切都好奇。

> 我的城市是绿色的，就像公园，再多的绿色，我都觉得不够。我的城市是红色的，就像红绿灯，永远都是红灯。停！我的城市是黑色的，就像柏油路……我的城市是白色的，由我来为它着色。

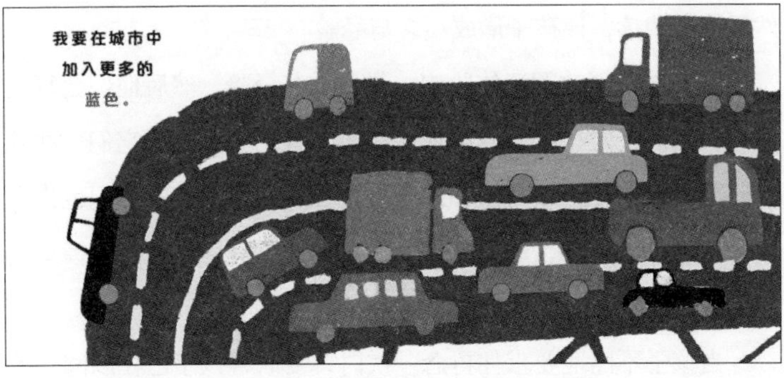

《我的城市是什么颜色的？》内页

城市本来就充满各种颜色，或者说是各种颜色丰富了城市。我跟孩子讲这本《我的城市是什么颜色的？》，就是在为他布置一个多彩的城市。城市的颜色，由孩子自己来描绘，自己动手“做”带来的乐趣就在其中。在图画书浓稠的色彩里，创作者的视觉表现已积累成为孩子的经验。

“我的城市是绿色的；我的城市是红色的；我的城市是黑色的；我的城市是……”重复的语句不断调动孩子的兴趣，也形成他们的经验，他们对城市的印象也从模糊到有了初步的概念。你可以与孩子一起考虑自己的城市是什么颜色，然后，一起动手在书的最后五页涂色，那是留给你与孩子互动的着色区。你也可以不这么做，可以另外拿一张图画纸，画上房子、车子，这样也可以为你们的城市上色。在阅读一本图画书的过程中，这样也就达到了“做”的效果。

孩子不识字，聆听成为他们主要的学习与阅读的途径。孩子在阅读的旅程中，需要经验的积累，他们的行为模式就像在做科学实验，必须不断地实验。我与幼儿的互动是借由图画书的引导，然后通过朗读，让孩子形成观念与经验。

孩子在重复的阅读体验中，得到一些经验，然后他们会复制和试验那些经验，接着修改那些经验，直到完全熟悉它们。幼儿的“重复”正是积累与熟悉经验的过程，作为大人的我们也许会觉得这个孩子很烦，却见到他们对此乐此不疲。这种行为模式是幼儿认识与适应世界的重要方式。

当孩子不停地要求你再念一次时，要欣喜孩子已在以阅读的方式学习。你赶紧拿起图画书再给他朗读一次，读完之后，再读一次。

有一次，我念《小蓝和小黄》给小菩提听。

故事梗概：

小蓝和小黄是一对好朋友，他们一起玩游戏，一起上课。一天，小蓝趁妈妈出门的时候，溜出去找小黄。他从家里找到外面，找了许久，才在一个角落里找到了小黄。小蓝和小黄拥抱在一起，越抱越紧，结果融合在一起变成了“绿”。“绿”去了公园，钻隧道，爬山，后来累了，就回家了……

当我朗读到小蓝与小黄的爸爸妈妈都认不出来他们时，这可激起了小菩提的兴趣。我静静地把这个故事重复朗读给他听。

他疑惑地问：“那小蓝和小黄到底哪里去了？他们怎么变成小绿了？”这个故事间接让小菩提知道蓝与黄融合在一起会变成绿色。这本书很有知识性。

这本书的图画呈现手撕色纸的立体拼贴画效果，简单明了的视觉效果很突出。小蓝和小黄就只是两块抽象的颜色而已，但此书却借由色块的互动衍生出一个热热闹闹的故事。

我想故事是最重要的，故事的叙述呈现了紧凑的情节，这本书也反映了小菩提与我之间的情感联结，引发爱的感觉与经验，这才是他让我重复朗读这本

《小蓝和小黄》封面

《小蓝和小黄》的原因。他在学习、经验与感受。我的朗读提供了这个机会。

我喜欢小菩提专注聆听的模样，时而会怀疑；他已经听了这么多遍，真还能那么专注吗？神奇的是他每次听《小蓝和小黄》时，都像是第一次听故事般充满新奇、期待与欢喜。

阅读的启蒙不需要繁复的程序或课程，甚至专注力的训练也不需要，简单地念故事就对了。这具有神奇魔力，期待你来启动，且要长期坚持，直到孩子进入小学，再做小学阶段的阅读延伸。阅读、念故事需要积累，才能显现效果。

选择一本图画书

我是一个故事爸爸，自从有了小菩提，我就开始学习怎么当爸爸。我结合所学，在他的身上实际操作，再慢慢调整，找出最适合他的教养方式。

我在小菩提身上进行的实际操作包括念故事，虽说怎样念故事有很多现成的理论，但我坚信要从理论中找到适合自己朗读的方式，而非全然“照单全收”。

不过，理论引导出来的观念最重要，有了念故事的观念，实际执行时才知道流程如何进行、遇到问题时怎么解决。朗读是适合你的念故事的方式，它需要你自己调整所学的技巧，调整后，让其适于你与幼儿之间朗读的风格。

故事，怎么进行朗读呢？我在念故事给小菩提听的时候，虽然是逐字逐句读，但并不表示随意拿一本书就能朗朗上口念出来。

我还是做了一些准备工夫。

为幼儿朗读，图画书是最好的选择。图画书有鲜艳的图画，有清浅的文字，有生动的故事。选择一本自己喜爱，孩子也喜欢的图画书，你们的朗读活动，因这层心境联系有了默契，朗读这件事也变得令人愉快。

你本来就是一位阅读守门人。什么是适合孩子的图画书？我们要有这方面的常识，才能为孩子做选择，不适宜的书，第一关就被我们过滤掉了。

我在为小菩提念图画书前，自己一定先将书读三遍。我读图画书是站在孩子的视野做阅读，我会先读图，建议你也这样做。翻开图画书时，不要急着读文字，先读图吧！图与图之间有连续性，会讲故事，读完图之后，你大概了解了故事的发展，这时再读文字。阅读文字时，我会先默读，看文字跟图是不是形成“图文协调”。文字讲述的故事对大人而言，是容易理解的，这时结合“故事与图画”的阅读，你大致已经完成。然后，你再进行第三遍阅读，这时要小声朗读，你会听见朗读的声音，可以感受一下，如果你用这个声音给孩子念故事，他们会感兴趣吗？

我会留意图画书的纸质、颜色、印刷、开本，这是为孩子选书时必须要注意的事情。至于图画书的内容，我比较青睐有浅白的语言文字，生动的内容，让人感到温馨与感动，又有意想不到的结局的书，这些都是好故事基本的条件：故事具有深刻的寓意，隽永的内涵，隐藏的启示，有隐喻却不是我们用来教训孩子的工具，这也就是优秀的图画书要有的“儿童哲学”质量。这是我选择图画书时的标准，明确又简单。下面的表格可为你提供参考。

如何选择一本图画书？

步骤	做法	原因
图画书阅读	第一遍：读图 第二遍：读文字 第三遍：朗读	第一遍在于感受图画在讲故事； 第二遍了解图画书的故事内容，并感受“图文协调”； 第三遍读出声，站在孩子的角度，考虑故事是否能引发他们的兴趣。先不管孩子喜不喜欢，考虑作为守门人的你是否喜欢这本图画书。
图画书外观	摸摸纸质优劣 看看印刷好坏 感受颜色良莠 感受开本大小	优良的图画书印制上非常讲究，对幼儿而言触摸一本书也是阅读，质量太差的书要避免。
图画书内容	语言文字浅白 图文内涵隽永 释放深刻寓意 隐喻替代教训 隐藏深度启示	只有口语化的语言，幼儿才能听明白。纵使想象丰富、幽默、夸张的故事也要有寓意在内容中。情节的背后有一层道理，不是在文字中表现，包含“教训”也要通过隐喻表现，图与文都有深刻的寓意、隽永的内涵，搭配起来都有隐藏着的启示。图画书能作为“儿童哲学”讨论，这便是优秀的作品。

我常读图画书，经常被感动，感人是我选书的第一原则。也许故事简单，图画简洁，但其中缓缓流露的情感，让我觉得一定要念给小菩提听，我相信他也会被感动。孩子的心很柔软，你应

《山中旧事》封面及内页

该守护孩子柔软的心。

《山中旧事》就是一本感人的图画书。想象那真实的情境，爷爷从矿坑里回来，全身都是黑色的煤灰，只有嘴唇是干净的，他只敢吻主人公的额头，不敢拥抱主人公。图画书呈现一个个温馨的情节。在读图的时代里，通过图像表现感动是图画书最擅长的，只需要适度的话语，用图像告诉孩子真情，真情正在流露。

我被这本图画书感动了，我一页又一页翻阅图画书，用自己的语言把它朗读给小菩提听的时候，我能交代故事情节，诠释故事内容，然后传递故事情感。拥有这样的念故事气氛，他接收了由我传递的此书带来的感动。

孩子有读图的权利

当我跟小菩提一起看图画书时，我会指着书上的字念给他听，我会引导他读图，让他了解图画与文字是有关联的。孩子有读图的权利，如果只是拿着图画书出声念字，少了图画搭配的叙事，孩子有时是无法完全体会图画书的内容的。

图到底具有什么样的意义？图画可以使文字叙述的意思变得

更明确清晰。图画书中的图，带有浓厚的“描述思想感受”的作用，图画本身也是一种叙事，具有艺术意义。简言之，图画本身也会讲故事。

既然图画本身也会讲故事，孩子在还看不懂文字意思的时期，图画叙述的内容对他们而言就格外重要。除非是念纯文本的故事书，若是讲图画书或带有插图的书籍，都要给孩子展示图画，让孩子理解。

在图画书中，文字是辅助图画，也就是图画讲故事时，不能完善叙述的情节，才需要文字来辅助。好的图画书，图画与文字是各自在讲同样的一个故事，相互搭配与补充彼此不足的地方。

这就是为什么孩子自己在看图画书时，纵使没有文字导读，依然能融入故事之中，看得津津有味。因为他自己在解读图画中连贯的故事意义。

这时，担任照顾者的父母、老师可以介入，拿起图画书温柔地朗读，当关联的文字化作声音叙述时，孩子便能很快融入故事情境与氛围之中。

我在家给小菩提念图画书时，喜欢将书摊在桌子上，用手指着文字，逐字逐句朗读，展现图画与文字在叙述中的相互搭配。我有时也会指着图，另外说明，让他深入了解。有时，他也会指着图说给我听。

在一对一的朗读时间里，我会让小菩提坐在我的大腿上，与我一起阅读、念图画故事。这时，我让他仔细地看着图画，从图画中感受故事的张力。我喜欢这种感觉，通过肌肤亲密接触，让他有一种安定感。

《母鸡萝丝去散步》封面及内页

声音带出情节，图画呈现情节，在两者各自的表现中，图画书讲述的故事得以完整显现。所以，读图很重要，不要剥夺孩子读图的权利。我们可以说，读图是朗读图画书不可或缺的一部分。

再以《母鸡萝丝去散步》作为例子说明。

故事梗概：

这天，母鸡萝丝走出鸡舍去散步。它没有发现一只狐狸从后面悄悄跟了上来。萝丝穿过农家院子，身后的狐狸扑了上来。可是狐狸一脚踩到了钉耙，钉耙一个反弹，狠狠地打到了它的脸上……

这也是一本几乎不用念，孩子自己读图都会捧腹大笑的图画书。母鸡悠闲地走出鸡舍，在农场走一大圈，然后悠闲地走回鸡舍。这只傻傻的母鸡深陷危险之中却浑然不知，它自顾自地走着，一副安详的样子。反观那只狐狸，用尽心机却吃尽苦头。

通过朗读一本图画书，我们有了引导孩子读图的概念。如果纯粹朗读文字，没有搭配图画阅读，书中安详与充满危机两种故事氛围的对比就会让人完全感觉不出来。在这本图画书中甚至只有图的表现或让图去解释，完全没有文字阐释。可见《母鸡萝丝去散步》这本书的文字只是讲了故事的一部分，真正的叙述重点是隐藏在文字背后的事实。唯有引导孩子读图才能读出个中滋味。

第六章 朗读图画书的技巧

预读故事

演奏——在图画书的情境里

演奏图画书活动开始了

有效的演奏——说演式朗读

掌握自己声音的独特性

演奏图画书要加入情感

演奏图画书也要加入肢体表情

不要干巴巴地念故事

预读故事

当你大声朗读图画书时，你的心境是什么样的？这种心境是缓缓形成的。我在幼儿园为孩子朗读图画书，他们睁着大眼睛看着我，陶醉在故事氛围里。你为他们朗读图画书的时候，他们是信任你的，你不仅是在进行一场故事会，还是在引导一场孩子的读书会。

每次朗读图画书，我都会提前准备。无论面对的是一两个孩子，还是一大群孩子，你拥有“演奏”图画书的技巧，对你经营故事会就会很有帮助。从朗读故事前的准备到朗读故事时的操作，你应该怎样做呢？我提出几个方法给你参考。我喜欢将步骤简单化，这样会比较好操作，做了几次熟悉之后，拿起图画书就能为孩子念故事了。

朗读图画书之前，你要先预读几遍。图画书拿在手上的时候，不要以为它里面都是图画、文字又少，一定很好讲。随便拿本书翻开就念，那你念起来一定会不顺利或者贫乏无味。其实图画书的制作花费了很多心思。凡事都需要经过设计，朗读图画书时你至少心里要有谱，要知道如何呈现最佳的“演奏”效果。我想预读是必要的步骤，你要了解你朗读的那本图画书的著者、绘者的生平与创作背景。在朗读图画书之前，必要时你可以把这些都介绍给孩子。图画书的文字与图画，在著者与绘者精心安排之下，呈现了最美好的组合。预读是为了了解故事发展的关键，掌握故事叙述节奏，考虑何时停顿、何时推进，也是为了熟悉故事的内容，了解图画的整体结构。图画书创作者完成一本图画书可是煞费苦心，多读几遍可以感受情节与构图之间美妙的结合。

为什么要预读故事？这跟选图画书时要预读的观念相近。许多照顾者拿起书就念，在自己都不清楚图画书内容的状况下，直接念出书中文字，文字是讲了故事，但恐怕讲得不够完整。预读故事是为朗读图画书做准备。预读有助于认识著者的风格，了解角色的诠释方式、故事发展的关键、故事的叙述节奏。预读的功能有以下几点：

一、预读的功能在于熟悉故事内容。

二、预读的功能在于安排如何演奏。

三、预读的功能在判断朗读的声音如何变化。

四、预读的功能是安排在哪段情节投入情感，思考角色如何扮演。

五、预读是“设计”图画书的先前功夫，安排用什么方式表现这本书。

六、预读的功能是思考朗读之后，是否要延伸阅读或如何安排后续的讨论。

当我拿到一本图画书，准备为小菩提念故事时，我总是要做一些准备，也就是预读：

项次	做法	说明
第一遍阅读	默读，知道故事说什么。	读完之后，掌握故事梗概，在心中有一个腹案。
第二遍阅读	小声朗读，读出重点，感受趣味，掌握故事的节奏。	要留意书名，书名会点出故事的重点。你可以合并段落，找出图画书的起、承、转、合，将同样的事件、情节整合。你要观察图像，以及图与文字之间相辅相成的关系。注意两种情况：文字没有写出来，而图在讲故事；文字在讲故事，而图没有画出来。
第三遍阅读	思考如何设计故事与朗读方式。	思考朗读的方式是“照本宣科”还是“添油加醋”？如何以“说演式朗读”做多元的“演奏”？如何设计“读”“玩”“说”“找”“演”？

我会掌握叙述者与书中主要角色的关系，以确定用什么样的口吻朗读；我会掌握书中蕴含的情绪，以确定朗读时如何调整音量与语速；我会了解故事发展的转折处，以确定在情节上变化时采用合适的声音；我会随情节变化的需求，展现肢体的变化。

预读其实就是为念故事进行设计，我要强调的是，请加入一点“演”的元素，这可以让故事念起来更精彩。当熟悉整个故事之后，念故事时加上“演”的技巧，故事必定吸引孩子。

有了预读这个准备过程，你应该熟悉这本图画书了。预读也是模拟正式讲演，就当孩子在你的眼前，你正为孩子讲故事。如果想把图画书讲得精彩，无论你是“照本宣科”还是“添油加醋”，“演奏”的要求都是一样的。

演奏——在图画书的情境里

认识图画书是一项必要的过程。我相信图画书不只是专给孩子阅读的文本，大人应该也有自己想要珍藏的图画书。我必须说明，这里不是指成人图画书，像几米的《向左走，向右走》之类的书。你应该拥有的图画书就是儿童文学作品，大人欠缺童趣、浪漫与想象，图画书刚好可以填补。若依照“一个人无论在什么时期，都应该阅读图画书”的观念，你就应该珍藏自己喜欢的图画书。

我喜欢雷蒙·布力格的作品《雪人》，彩色铅笔淡雅的风格，采用连环画的方式创作。

故事梗概：

小男孩在雪地里做了一个雪人，夜里雪人活了过来，它跟小男孩玩耍，还带他到天空飞行。天渐渐亮了，雪人回到雪地里站好。太阳出来，小男孩醒过来，赶紧到外面看一看，雪人已经融化了。

这本书没有一个文字，情节全由一格一格的图画呈现。我说不出《雪人》精彩之处在哪儿，不过这本书就是能触动我的心。

《雪人》封面及内页

在最后一页中，小男孩看着雪人化为一摊雪泥的画面，让我一阵惋惜的同时，却是感动万分。它可以说的哲理有很多，但那种孩子似的想象与冒险的过程，一直深植在我的心里。雪人融化了，想象破灭，冒险结束，梦醒了，我又变成了大人。虽然对这个结局感到有一点遗憾，这个故事却让我回味无穷。听着《雪人》的乐曲，时而翻阅，它成了一本我珍藏的图画书。

喜欢一本图画书的你，是拥有童心、想象与哲思的。你应该把在图画书中得到的启示传递给孩子，虽然孩子比你拥有的童心、想象与哲思更丰富。在念图画书给孩子听的时候，你们正在交流彼此的心情，一起感受图画书的情节，进而一起被感动。拿起一本图画书为孩子朗读，孩子总是愿意静静聆听书中的故事。不过，你还必须对图画书有一些基本的认识。不必像学者、专家一样进行专门的研究，但是你要讲图画书，也应该先了解图画书的基本知识。

我读图画书时，绝不是一打开书就读文字。我总是站在孩子的角度从图画开始讲解。幼儿是不认识字的，图画对他而言更胜于文字，他知道文字这种符号里藏着故事，可他不懂字句的意义，无从理解故事内容，但图画不一样，他读得懂。孩子翻阅图画书不是在“看图”，“看图”是欣赏。其实，他在“读图”，“读图”是一种阅读方式。通过图画的叙述，他知道这本书的故事大致在讲什么。所以，图画书的图可不是单纯的插图，书中的每一幅图都是有意义的。

朗读一本图画书，首先要了解图画书，这绝对不是一本只有插图的书。其中的文字在讲故事，图画在讲故事，图文结合讲故事，看似讲同一则故事，却又像各讲各的故事，这是图画书中的“图文协调”。以图为主，以文为辅，图文之间有一条线索贯穿，它是与图文相辅相成的轴线，正隐隐显露故事主题。

事实上，讲图画书故事时，大人着重文字所叙述的故事，孩子注重图画所叙述的故事。“图文协调”营造了一种圆满，图与文彼此叙述的故事内容不但不会冲突，反而会变得和谐，它们在结构中得到充分变化、运用和展开，使主题被丰富、圆满地表现出来，这就是图画书。

“图文协调”是图画书应有的基本特质，你知道这个特质之后，就知道如何选择一本好的图画书。我非常喜欢曼罗·里夫与罗伯特·劳森合作的作品《爱花的牛》。我觉得这本书有一股温柔的反抗力量，公牛费迪南只爱香花，拒绝与斗牛士血拼。希特勒曾经下令焚烧书，这本图画书也是被指定焚烧的书之一。这本书充满“反战”与“和平”的议题。对孩子而言，“反战”与“和平”也许太沉重，但看公牛爱香花不爱斗牛，这种让人感到有趣的对比画面，反而能给人温馨的感觉。

孩子翻阅《爱花的牛》时，只需要看画面，因为图会说话，连贯的情节已经将故事讲清楚了。书上的文字具备的只是辅助功能，辅助图画让故事讲得更清楚。每一页的文字叙述不多，搭配画面刚好合适，难怪“小大读书会”的创办人林真美提出朗读图画书不可增一字，不可少一字，因为著者与绘者已经将图与文做最完美的结合了。我想这是“图文协调”最好的诠释。

以“照本宣科”的方式朗读图画书，这是最基本的方法，忠实地把故事念出来，将图画呈现出来，孩子会懂的，他对图画的解读能力是天生的，图像想象让他能一下就把故事整合起来。在《爱花的牛》中，当斗牛士对费迪南毫无办法时，那画面惹来的是孩子的一阵笑。费迪南被送回牧场时，它那种无知的憨样，在“图文协调”阅读时，让人感到一股暖流涌入心间。

我在“毛毛虫儿童哲学基金会”讲图画书故事时，从创办人杨茂秀那里得到一个关于朗读图画书的理论——演奏。如何演奏图画书？这让我非常好奇。

“念图画书怎么会是演奏呢？”我问。我感觉这是很新奇的说法，不是很明白，当然要发问啰！

“你朗读图画书难道都不加入情感，只是干巴巴地将文字念出来吗？”他反问。

他这么一说我忽然体悟到了某些道理。于是，我将书上的文字一一念出来，我用的是很基本的朗读方式，但相形之下似乎是硬邦邦的。我想，孩子也许不会太挑剔，但如果加入感情是不是更好呢？但只是单纯地加入情感好像太笼统了。我忍不住再问：“念图画书加入情感，这情感怎么加啊？为何叫‘演奏’呢？”

“你念图画书时，情节是快乐的时候，你的心情要有快乐的感觉，语调是轻松的，语速是轻快的；情节是悲伤的时候，你的心情要有悲伤的感觉，语调是低沉的，语速是缓慢的。掌握这个要领，图画书就不只是念出来，而是一种演奏。”

我一直思考这几句话的含义，演奏潜藏的是情感的表现，朗读图画书时需要随情节调整心情，这会呈现在语调与语速的变化中，这样一来朗读的效果就不一样了。虽然手拿一本图画书，最简单的方式就是摊开在孩子面前，一字一句念给孩子听。倘若能掌握演奏一本图画书的技巧，图画书会被讲得更生动活泼，其中含有的感情会被表现得更好。

什么是图画书的“演奏”呢？我将这个观念用一个简化的公式说明：

朗读＋情感＝演奏

这个公式要表达的就是念书时把情绪加进去。平常讲话无意间都会带动情绪，朗读图画书时你也需要融入情绪。所谓的“演奏图画书”，意指掌握图画书的情节，在叙述节奏上投入情感，朗读的过程犹如演奏乐器，朗读的语言犹如流露的音符，在高低起伏的变化中，融入情感，这时的故事听起来就格外有情。

朗读图画书适度融入情感就是“演奏”图画书。我喜欢“演奏一本图画书”这个理论。朗读很容易做到，它是你念图画书给孩子听时的适合的做法。但倘若你朗读图画书时能加入一些发自内心的情感,效果会不一样。我得知这个理论之后,觉得很有道理。听故事好比看一场戏，如果戏台上的演员没有将情感投入到戏剧之中，你一定会觉得演员演技太差，出戏里的对白干巴巴的。戏剧需要演员以演技表现，那么朗读图画书就需要你以“演奏”技巧表现。

朗读图画书讲求情境，不单是通过文字表现情节。每一幅图画都有深刻的故事含意。孩子喜欢大人念故事给他听。通过朗读，你将图画书一字不漏地念出来，且念得有感情、有变化，也就是将故事的内容、包含的情感与态度传递给孩子。朗读图画书给孩子听，等于提供作品给孩子去欣赏，这也是一种阅读的引领。

我喜欢以演奏的方式朗读图画书，这个过程犹如戏剧演出，可以让孩子领略故事的文学性、哲思性，给孩子展现图画书的图画是带着孩子读图，这也是美学引导，演奏是带孩子进入图画书的情境。当你带着孩子阅读时，也可以说你们已经进行了一场小小的读书会。

演奏图画书活动开始了

演奏一本图画书时，虽然是按照书上的文字逐字逐句朗读，但不表示随意拿一本书来念即可。也许你的设计中，既有让故事情节丰富多变的“添油加醋”，又有遵循图画书图与文圆满结合的“照本宣科”，我想这些都离不开“演奏”图画书这个理论。

情节发展有一条看不见的核心线，你要紧紧抓住这条线，在念图画书的时候，最好做一点功课，掌握一些方法，这对诠释图画书会很有用。关于如何念图画书给孩子听，台湾图画书大师郑明进提供了一些很值得实践的方法。好的朗读要朗读者读音正确、适当停顿、速度适中、读出情感。演奏图画书的活动要开始了，你得做好一些必要的准备。

一、你可以向孩子介绍作者，做一些背景说明。朗读图画书之前，你必须将图画书创作者的生平与创作背景、动机等找出来。

二、在语言方面，你要掌握书中每个人物的性格和特征，分别用他们的口吻说话，让每个角色都有自己的声音。有时你甚至可以模仿动物的叫声、机械声、风声、雨声等，制造逼真的气氛。

三、你要懂得把握图画和文字之间的发展架构和匹配技巧。你最好一边讲故事，一边用手指出书中的人物、场景或是值得特别注意的细节，引导孩子学习如何用心欣赏一幅画，培养他的鉴赏力。

四、你要适时加上手势、身体的动作和面部表情，以强化整本书的戏剧性，提高孩子的兴趣。

五、注意四周的环境因素，如室内的温度、亮度，或是室外传来的噪声等，这些都会影响孩子的专注程度。

这几个原则已经把“演奏”要怎么做讲出来了。我把那几个关键句抓出来：“掌握书中每个人物的性格和特征，让每个角色都有自己的声音。”“适时加上手势、身体的动作和面部表情，以强化整本书的戏剧性。”郑明进提供的念图画书给孩子听的方法很实用。那一次，我在“毛毛虫儿童哲学基金会”讲完故事出来之后，开始思考杨茂秀提到的“演奏图画书”这个理论，之后我又读到郑明进的念图画书的原则，于是我尝试揣摩这些技巧。此后，在听我念故事时，孩子投入故事的兴致更高了。

有效的演奏——说演式朗读

在预读图画书的时候，必须读出声音。要强调一下，我这里所谓的“朗读”有别于一般学校的朗读方式。高亢、洪亮的声调不适合演奏图画书，那样太严肃，甚至吓人。这里的朗读是以“演奏”的方式进行，要投入的是随情节变化的情感，我称之为“说演式朗读”。

我阅读图画书的时候，总喜欢轻轻地念出声。既然是“演奏”，那当然要用声音表现，发出声音才能感受节奏。图画书是非常适合朗读的。我相信图画作家在创作时，一定考虑过让自己的作品能朗朗上口。幼儿是通过你的声音阅读并且学习的，所以在预读时熟悉故事，一定要念出声音。此外，朗读图画书时，最怕声音断断续续。将预读作为有效的朗读练习，就是为把图画书演奏得更生动做准备。

我要强调的是朗读时要注意“声音表情、肢体语言、情绪感受”。所以，揣摩有效的朗读，就是融合“演”的技巧，也就是让故事呈现戏剧张力。

这时，你若能熟悉字里行间的故事节奏，做好预读工作，设计故事说演的表现方式，不但有助朗读的流畅性，还能让人体会故事所含的情感，让念故事活动更为精彩。

你要有一个观念，朗读不只是朗读，把故事中包含的喜、怒、哀、惧等情绪表现加诸声音的表演里，这是“声音表情”的演出，更是图画书演奏的关键，不要以为幼儿年纪小无所谓。预读不能随便，它不是翻开书，念一念文字就行了。既然是“有效的演奏”，那你就必须有所设计。我喜欢在镜子前练习朗读图画书的神情，这可以方便自己做适度的修正。

要演奏图画书，必然要有所准备。若是平时朗读，也许不需要照镜子。而经过你的设计与练习，朗读一本图画书时产生的效果就会很好。有效的演奏有赖于练习。数次预读故事熟悉内容之后，你在镜子前，练习如何随故事情节调整脸部表情、声音语调、肢体动作，以制造图画书“演奏”的戏剧效果。

演奏一本图画书就是在故事中融入“声音表情、肢体语言、情绪感受”，但与“演奏”稍不同的是，演奏图画书不只是声音的情感化而已，要把“演”移植过来。

演奏图画书需要朗读，但朗读的时候，要根据情节的需要，做不同的扮演。“说演式朗读”就是将图画书戏剧化，你是叙事者，也是角色；你是故事人，也是扮演者。你可以加入道具，或用偶来对话。总之，就是要把“演”彻底带进来。

当你用说演的方式朗读图画书时，要带着孩子一起玩扮演，这样阅读与游戏就融入其中了。这个方法结合了“创造性戏剧教学”的理论，旨在让图画书的朗读更有互动性，也更具游戏性。

手拿一本图画书，享受朗读的乐趣，孩子也陶醉在聆听故事的喜悦之中。其实，无论拿不拿图画书，我们扮演故事人，就需要具备两个职能，一是叙事者，另一个是角色扮演。

当你朗读时，已在担任叙事者了，那么角色扮演呢？我们讲述故事时，故事中的角色要能被听者分辨清楚，这样听者听故事就会像在听一出广播剧。因此当你在念故事时，若想让听者分辨出不同角色，就要进行角色扮演。

角色扮演如何操作呢？做法很简单，也就是“变声”。对不同的角色，我们需要赋予不同的声音，变声让角色层次鲜明。小鸡有小鸡的声音，小猪说话有小猪说话的声音，老先生的声音是低沉稳重的。赋予声音时，遵循“刻板印象”，这样角色在故事之中就凸显出来了。

在朗读时，交替使用这些技巧，念故事就不只是念故事，而是俨然成了令人享受的声音阅读。

我轻轻朗读《月光男孩》。预读几遍之后，我开始尝试将声音表情、肢体语言、情绪感受三个方面的需求设计在故事之中，这就是说演式朗读的魅力。故事人应该具有这样的“演奏”技巧。

故事梗概：

月亮看到地下的池塘里有一颗月亮，就让月光男孩去把它带回来。于是，月光男孩拎着篮子从天而降。他不小心踢到了一颗小星星，把它变成了流星……

若站在月亮的角度来看，它会想怎么多了一个月亮？咦！它在池塘里做什么？应该回到天上才对。朗读时，我会带一点质疑的语气，稍稍皱着眉头念出来，这时声音表情就表现出来了。

第二句“就让月光男孩去把它带回来”。在语气上，“让”这个字，有命令的味道。我会伸出食指比画一下，有指示的意味，然后稍带一点命令口气朗读。这时肢体也就带动语言，让叙述更具生动性。

“月光男孩拎着篮子从天而降”这一句话，含有一个“拎”

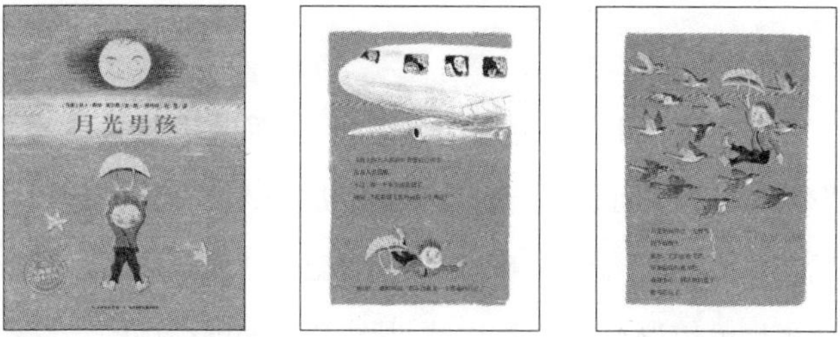

《月光男孩》封面及内页

的动作，朗读时，我会做出动作，强调一下。月光男孩长什么样子呢？我会指着图画，引导孩子读出他的长相。这虽是普通的叙述，但我的声音充满具有完成使命的肯定性。

“他不小心踢到了一颗小星星，把它变成了流星”这一句充满调皮、冒失的意味。如果我是月光男孩，应该会有一点点不好意思，因为“流星”的形成是男孩的冒失导致的。我会如何朗读这句话呢？我会强调“踢”这个字，在读到“踢”这个字时，稍加重音，表现男孩的顽皮，对造成“流星”表达自己的歉意。

预读理论是为念故事做准备，只要掌握巧妙运用“声音表情、肢体语言、情绪感受”的技巧，就能将图画书里的故事念得很精彩。所以，念故事到底要怎么念？这就需要提供照顾者念故事的要领和“叙事者”等理论观点作为预读的练习，表现声音的层次，让声音美妙展现。这也就是“说演式朗读”技巧的运用。

图画书《月光男孩》中的小男孩讲了一句话：“这是我所看到过最好的小月亮了，我要把它带回家。”我们可以思考，小男孩说话时的声音是什么样的，然后模仿小男孩说话时的神态，运用清亮、活泼的语调，读这一句话，表现一种完成任务的自信，这样讲出来的声音给人肯定、有自信的感觉。

文中逐句举例，是为方便理解，我们在预读故事时，依情节发展做整段设计即可。念故事时，加一点点设计，从预读故事开始反复练习,便能将故事讲得精彩。至于“变声”,你可能会问:“不像啊！模仿得不像怎么办？”其实孩子是很捧场的，只要是合乎角色与幼儿认知的变声，他们都是可以接受的。

掌握自己声音的独特性

演奏图画书是有技巧的，朗读也不是随便念一念即可。我们可先从熟悉自己的声音开始，来谈谈演奏图画书的技巧。讲故事是声音的表现，每个人都有独特的声音，可以将它变成自己的风格。聆听自己的声音，想想吸引人的特点在哪里，然后发挥声音的特性,融入情感,这便是演奏图画书的技巧。朗读是声音的表现，如果可以用字正腔圆的标准普通话朗读图画书，那就字正腔圆地朗读；如果普通话不标准，那就用不标准的普通话朗读图画书。

我知道“毛毛虫儿童哲学基金会”创办人杨茂秀很会讲故事，他的普通话不标准，有浓浓的闽南腔，听起来相当特别。他擅于使用这特别的闽南腔普通话，关键是他有朗读、讲故事的技巧。无论是声音表情还是情绪感受，随着情节的需要，展现自己独特的风格，就是很棒的，会让听众大呼过瘾。别说是孩子，就连大人都被深深吸引。

我们的声音是独一无二的，别担心自己的声音不好听，每个人都有独特的声音，不要在乎普通话标不标准，重点是如何呈现自己独特的语言风格。掌握自己声音的独特性，将它变成自己的风格，只要你的风格能吸引孩子，你就是演奏图画书的高手。

若要消除讲故事时的紧张感，首先要熟悉自己的声音。当我们发出声音时，我们是自己的第一个听众。熟悉自己的声音，才能捕捉自己说话的节奏；掌握说话的节奏，才能感受自己呼吸的节奏；呼吸节奏得到调节，我们的身体才会放松；身体放松，就不会紧张，讲起故事就自然流畅。

自己声音的特质在哪里？声音是粗还是细，是高还是低，只有你自己最清楚，如何“设计”自己的声音，这需要你自己下功夫。我建议将你自己的声音录下来，自己听听看，做适当调整，找出吸引人的特质，加以练习，这就是你自己专属的声音，也就是你的“声音风格”。

朗读图画书其实是一场“演奏”，既然是“演奏”，不妨让声音响亮起来，而其要领是比平时说话的声调略高一点。若是床头讲图画书，则恢复平时说话的声调。图画书里有图画，有故事，有对话，有情境，图画书的语言是口头语，其中的文字接近平时说话的文字，为孩子朗读时，这些语言文字更易于被孩子接受。口语化的文字念起来很舒服，有助于说演式朗读。你看着图画书的图画与文字时，孩子的目光也会盯着图看，他们期待你一个字一个字把故事念出来。除了感受自己的声音，还要查验自己的音量、语调、节奏、咬字等。演奏图画书免不了把故事“戏剧化”的过程，你要调整声音，让声音产生一些变化，这不会太难，只要有心，稍微留意一下就可以做得很好。

“演奏”可以让你朗读图画书时，把故事变得更活泼、生动，这就像演戏一样，你知道要领后，建议你试着每天都练习。

图文并茂的图画书之所以精彩，吸引眼球，图像是否有丰富的色彩往往是关键所在。比如我喜欢的《兔子喜欢做的事》，就用了很多渲染的技法，让画面呈现渲染的效果。你知道的，孩子一旦拿起画笔，就开始涂鸦。他们到处涂抹，画出很多颜色，很多线条，很多色块。

许多父母总是制止孩子涂涂抹抹的行为。我记得我在念儿童文学研究所的时候，研究所办公室就有一面墙让我们涂鸦。我们在涂鸦时像是回到孩提时代，尽情地又涂又抹，满足了未脱的童稚之心。你会让孩子在涂抹中释放好奇与快乐的心情吗？当我翻开《兔子喜欢做的事》时，我渴望赶紧念给孩子听。

《兔子喜欢做的事》封面

故事梗概：

一只与众不同的大兔子，他不但喜欢做兔子该做的事情，例如，蹦蹦跳跳、捻捻胡须、揉揉耳朵，还喜欢做不是兔子做的事，例如，画画、玩音乐。他每天都很开心，他让林子每天都充满音乐和色彩。他的快乐感染了所有的兔子。有一天，大兔子突然消失，大家都找不到他，非常难过。但没多久，兔子们在一个又深又黑的洞里，发现大兔子留给他们的礼物，于是兔子们也喜欢上玩色彩和玩音乐，重新开始快乐的生活。

《兔子喜欢做的事》内页

此书以浅白的文字讲述一个饱含童趣的故事，貌似简单却充满哲理。儿童哲学的本质就蕴含在图画书简单的叙述与丰富的图像中。不要认为哲学就是深奥的，它有简单的故事等待被发现。当孩子涂鸦时，他也许正在感受艺术的力量，体悟生活的哲学。这本书讲述的故事，引人深思，它谈论失去，让人学会如何面对失去带来的哀伤，寻回快乐。这本书体现了生命的活力、自由和开放的特质，深具儿童哲学的魅力。

演奏图画书要加入情感

朗读图画书时，要加入自己的情感，这样才会让“演奏”变得格外生动。我们按照情节变化来调整朗读速度，在高、低、快、慢、轻、重、缓、急的声音变化中，让情感自然流露。说演式的朗读就是这样操作的，下面提供一些可操作的技巧。

技巧	方法
声音稳定且平缓	朗读故事时，用平时的声调念出声音，呈现故事的节奏。你是故事人，正在进行故事的铺陈。
声音高亢且急促	当故事有紧张、危急、刺激的情节时，注意声音的表现。比如，主人公很急躁或者出现抓狂状态。
声音响亮且沉重	当主人公生气或是强调、坚持某件事情时，注意表现愤怒低吼的声音。
声音轻巧且柔美	情节的氛围是温柔、安详、唯美时，用轻柔的声音表现很适合。注意情绪上的表达一定是温柔、安定，让人感到舒服的。
声音粗低而坚定	情节中出现严肃的场景或主人公具有威严，且话中的警告意味浓厚。比如，有权威的人在讲话，或者在警告你什么事情不能做。
声音由小而大	主人公可能有不耐烦的情绪或者刻意强调某事。比如，表示主人公为不能出去玩感到烦躁，说话声音越来越大。
声音由大而小	随着情节的发展，某些时候你需要降低音量，比如，主人公从一个沉睡的巨人身旁路过，你就必须安静下来。
变声做角色扮演	你必须依照角色的身份做适当变声。老人有老人的声音，女孩有女孩的声音，扮演不同的角色，用不同的声音，这样才能让孩子分辨出谁是谁。

《了不起的一天》封面及内页

当你在进行图画书预读时，就要先行设计这些“演奏”的技巧。朗读图画书时，遵照方法很重要，但不要过度拘泥，“演奏图画书”最重要的是吸引孩子。

我为小菩提念《了不起的一天》这本有趣的图画书。它充满想象与快乐，追求自由是这本书的主旨。我佩服安德烈·德昂的奇想和梦幻的画风，其儿童式的笔触很吸引儿童。

故事梗概：

保罗和小猴子蒙蒂逛动物园，发现动物都被关起来，这让他们觉得很不可思议。蒙蒂趁保罗打盹时，给动物戴上人脸面具，把全部动物都放了。

别以为天下大乱了。动物发挥自己的专长，努力帮助人类，赢得了市民的尊重，市长还特地颁发奖章，表扬了动物。动物只有周日回动物园，但那里已经没有笼子了。

这本图画书想象力十足，除了有趣味，还发人深省，将自由、快乐深植在孩子心中。我把这本图画书念给小菩提听，当念到动物溜出动物园这种令人感到意外的事情发生时，我的语调、表情

《外星人的一天》封面及内页

也会随着情节变化而变化，然后随着故事的发展，这本书所包含的情感在我的“演奏”下得以表现。那天下午，真是了不起的一段时光。

在朗读时加入情感，才能让故事呈现张力。图画书是有情绪的，你应该尝试揣摩喜、怒、哀、惧四种基本表情，在“演奏”故事时巧妙运用它们。你也许不习惯，但请你尝试做出来，这种“演奏”很不一样。你可以找一些让“声音表情”容易发挥的图画书，例如《外星人的一天》。看到这书名，我心里暗暗发笑。

书中的外星人觉得地球既陌生又美妙。你有没有尝试过以一个外星人的视角来看地球，用一种陌生化的眼光反观自己的生活？图画作家喜多村惠实在是一位想象力丰富的人，在他的笔下，色彩、线条、文字与故事情节都透露着外星人想对地球与人类的了解。在人类小孩的带领下，外星人见识了人类的生活方式。在故事结尾说道：“天黑了，小男孩该回家了，但他想到应先送外星人回去，于是他们坐上了飞碟……”

想想看，如果你要朗读《外星人的一天》，该怎么表现外星人呢？迷路时的慌张、对陌生事物的好奇、独特的讲话声等，我通过这些方面，运用“变声”来诠释外星人这个角色。我把喜、怒、哀、惧四种不同情绪融入声音，于是故事开始变得多元化、有趣且精彩了。

演奏图画书也要加入肢体表情

拿着图画书讲故事，虽然无法适度展现肢体动作，但仍可以用几个简单的手势，进行表演。记住，拿图画书的手不要晃动！

肯定就握个拳，开心就伸个掌，惋惜就甩个手，否定就摇个头，认同就点个头，忧愁就轻摸下巴……

情绪就随着情节的变化而变化：睁大眼睛表示惊讶，皱皱眉头表示疑惑，面带笑容表示欢喜，横眉竖目表示愤怒，下巴略抬表示骄傲，嘴角下弯表示哀伤……讲故事时的表情运用来自对生活感受的转化。想一想，随情节变化来设计你的情绪表现，即使不像也没关系，孩子会感受到你在演奏图画书时肢体与表情的变化，他们会听得开心。

我在此强调这个环节是因为很多念图画书的故事人都忽略了这个环节。孩子听故事读图画是没错，但是图画书的演奏者是你，你在孩子的眼中也是图画书的一部分，不要只是动动嘴干巴巴地站在那儿。我常看到许多故事人讲故事时，两只手不知要放哪里，念故事时生硬的感觉实在让人难受。建议你随故事情节的变化加入你的肢体与表情，别让自己不知所措。

你是不是已经准备好开始朗读图画书了呢？我制作了一个表格，综合了演奏图画书的技巧。判断你朗读是否是“有效的演奏”，得看你是否完成了下面这些要求。

检视内容
朗读故事的声音是否流畅、清晰且优雅?
哪段情节投入什么样的感情是否都已安排好?
是否设计好赋予故事中的角色什么样的声音、表情?
叙述故事时声音的高、低、起、伏、轻、重、快、慢、缓、急,是否已做好安排?
是否掌握故事中主要角色的情绪,感受他们的喜、怒、哀、惧?
手势、肢体与表情是否随故事的需求已经设计好?
你是否融入情节,成为故事的一部分?
你是否已经投入感情,做有效的演奏?

这个表格为你提供有效演奏图画书的方法，这都是在“预读”时必须完成的准备。当一群可爱的孩子坐在你前面的时候，演奏图画书的你能深深吸引他们，那就对了。

最后，我要告诉你，大量阅读图画书，反复练习“演奏”技巧，就能熟悉“演奏”的妙趣。

朗读图画书时需要加入肢体动作与表情，演奏图画书在某种层次上像是在演“独角戏”，也就是演出时你要一个人包办所有角色。

读着《今天我们没有安排》，我在想如何来“演奏”它，这是简·古德文与安娜·沃克共同创作的一本图画书。朗读此书时，我会用很多表情与肢体动作来让这故事变得活泼起来。

《今天我们没有安排》封面及内页

故事梗概：

星期一，我们匆匆吃完早餐……

星期二，我们一放学就去上游泳课……

星期三，妈妈会晚点下班，我们在学校会待得比较晚……

星期四，我们参加乐队训练……我喜欢拉小提琴，弟弟负责打鼓……

星期五，我们学校有体育课，而且今天还要去购物……

每个星期六都有投球比赛，我被分在初中队。弟弟是个足球明星，他说自己是队里最棒的……

有时候一到星期天，时间好像慢了下来……

这是一本很有生活气息的书。我念着它时，除了有声音与表情，还会把肢体动作带进来。例如，你可以带着孩子一起试着将篮球投入篮圈，虽然是虚拟的，但搭配生动的肢体表现，你们讲的故事会显得很热闹。《今天我们没有安排》应该是很热闹的，虽然小主人公很忙，但一到星期天，一切都慢下来了。我讲故事时，也故意讲得很缓慢，配合情境让一切不是那么急促。

不要干巴巴地念故事

作为一位故事爸爸，我在小菩提上幼儿园的时候，常有机会到幼儿园朗读图画书给孩子们听。为了让孩子们能听故事，也能看图画，在朗读过程中，我让图画书始终对着他们。

记得在小菩提读幼儿园中班时，我在他们班上念《隧道》这本图画书，有一段情节是这样的：

> 她来到一块空地。
>
> 那里有一个东西，像石头一样动都不动。
>
> 那是哥哥。
>
> “哦！不要！”她哭了起来。
>
> “我来得太晚了！”
>
> 她冲过去，抱住这个又冷又硬的东西，开始痛哭起来。
>
> 慢慢地，慢慢地，这个东西开始变色，变软，并且有了体温。
>
> 然后，一点一点地，它开始动了，哥哥出现了！
>
> “罗丝！我就知道你会来！”哥哥说。
>
> 他们跑回去，穿过森林，穿过树丛，进入隧道，然后，一起走出来。

当我面对着孩子们朗读这本图画书时，他们看着画面一格一格变化。书中的哥哥慢慢从石头变成人，他们感受到了希望与温暖。当哥哥转过身抱着妹妹时，他的表情充满了万千的感谢，文字是没法把这种感觉全部诠释出来的。

微妙的情感依靠图画来传递。幼儿是具有同情心的，当我通过图文搭配，念完《隧道》这本书后，每个孩子脸上的表情都有微妙的变化——从紧张、担心到放心、安心，美好的结局让他们都松了一口气。

在朗读图画书中的故事给孩子们听时，为了既让自己看得到文字，又让孩子们能看到图，我采用了一个小小的技巧。也许你一般会把图画书朝向孩子，而我的做法是单手45度角斜拿着书，身体仍主要朝听众，这样方便自己与听众看到书中内容。我会让另一只手空着，这样随时可以指向图画，也方便翻书。

不过，最重要的是，空出的手可以搭配声调、表情做出不同的手势，让“演”的本质表现出来。这需要在事前做功课，幼儿园教师在故事时间，应将这个方法作为自己专业技能之一。我认为朗读时，为了看文字内容而将书面向自己，等于剥夺孩子读图的权利。

还有，当孩子们坐在地板上听故事时，幼儿园老师千万别站着朗读故事。孩子们听你念图画书时把头仰得高高的会很累。你可以坐在小板凳上，孩子仰头15度角最理想，这样看图时不会被其他小朋友挡到，头也不会太累，听故事才会兴致高昂。你也也可坐在地板上，这时可能要跪坐，这样会比直接坐在地板上高一些。

讲故事还有其他方法，例如，将图画书制作成幻灯片或单张图卡，以辅助念故事的不足。这构想来自“纸芝居”的概念，也就是用图卡讲故事的方法。

总之，不要干巴巴地念故事，图画是搭配文字的，念故事时千万不可只顾自己朗读，剥夺孩子看图的权利。故事朗读若以图画书为主，别忘记让文字与图画相互搭配，在通过声音表现情节之时，也要呈现故事画面给孩子，这样孩子会很有感觉的。

第七章 阅读从共读开始

聆听，也是一种阅读

引导孩子『想要阅读』

亲子共读方法

亲子共读要领

亲子共读阅读视图

聆听，也是一种阅读

阅读，不是从孩子识字开始。聆听也是一种阅读。

我对阅读的看法是这样的：凡借由眼睛、耳朵、鼻子、嘴巴、皮肤接收，无论产生感触、想法，还是得到知识、经验与省思的冲动等，都是阅读。

儿童阅读，并非单纯地运动所能促成。对儿童而言，阅读是本能，是游戏。只要可以舞动、品尝、触摸、观察周遭的各种事物，孩子几乎没有学不会的事情。儿童阅读的关键在于有协助能力的大人在场。有协助能力的大人是幼儿阅读的关键，共读的意义也因而产生。

我记得跟小菩提讲起资深作家林良的图画书《小纸船看海》时，我们进入故事中的情境。

故事梗概：

小男孩折了一艘红色纸船，放进小溪里，漂啊漂！最后漂进大河里；小女孩折了一艘白色纸船，放进水沟里，漂啊漂！最后漂进大河里。红色纸船遇见白色纸船，它们成为朋友，约定要一起去看海……

我和小菩提共读这本书的时机很好，那时我们刚好准备去海边，一起去看海。共读时，我们将自己比作小纸船，大海的辽阔与美丽将开阔我们的眼界。红纸船与白纸船成为好朋友，它们一起去看海。我们读着《小纸船看海》，享受着一种实境与阅读结

《小纸船看海》封面及内页

合的氛围。翻开图画书，小纸船漂过小溪到大河再进入海洋，小女孩捡到这两艘船，她乘船带着小纸船往海洋去。我是一个阅读协助者，带着小菩提从书中世界走进现实。在此建构的“鹰架”，提供给小菩提一些关于海洋的基础知识，扩展了他的阅读体验。

当秋风吹起时，我感到一股凉意。天冷了，经验里的做法是该添加一件衣服了。我带小菩提出门自然要为他保暖，小菩提感受到温暖，同时也感受到我对他的爱。我们在亲子互动之时，也成为彼此的“读物”，增进了亲情。

这样的广泛阅读，读到的只是浅显的讯息，不容易积累与深化。我们得到了生活经验与情感体会，但想要进入真正的阅读，还是要进入书的世界，无论是有声书、纸质书还是电子书，总之开卷有益。

学习需要循序渐进，回归文本阅读，才能有效启动学习的黄金期。世界等着我们携着孩子的手去探索，当打开书本之时，知识启蒙便开始了。

请以念故事的方式投资自己的孩子，开启共读旅程。有一句话说：“最好的投资，就是投资自己的孩子，阅读是最重要的投资。”但与学龄前孩子一起阅读时，不可以生硬地说教，否则孩子绝不会接受，即便勉强接受了，也会反感。

孩子很忙，忙着玩，忙着游戏。孩子听故事的过程也是游戏的过程，活泼生动的游戏就在故事的情节里呈现。忙着玩的孩子，沉浸在故事营造的氛围中，他们在游戏的世界里徜徉，故事带来的寓意则让他们循序渐进地学习到知识、道理等。

孩子借由听故事，获得学龄前的学习能力，进而启发智力、增进脑力，开始融入社会。孩子在学龄前就可以开始听故事。下面，我就向大家介绍一本图画书——《你很特别》。

故事梗概：

有一群叫作微美克的小木头人，被人贴上了金星贴纸或是灰点贴纸。漂亮的、漆色好的木头人会被贴金星贴纸；有才能的也会被贴金星贴纸；什么都不会做、褪色的木头人会被贴上丑丑的灰点贴纸。

木头人胖哥身上贴了许多灰点贴纸，因为胖哥几乎做什么事都失败。最后，所有人看到他都会给他贴上灰点贴纸，不管他有没有失败！久而久之，胖哥不敢出门，直到他遇到伊莱，伊莱跟他说：“每个人都是特别的，不需在意那些贴纸。”胖哥才慢慢不再自卑。木匠伊莱帮助胖哥看到了自己有多么特别。

念完这本图画书，我告诉小菩提：“你是特别的，因为在这个世界上，你是独一无二的，没有人跟你一模一样。你就是很特别，不需要任何条件。”

孩子容易受到别人评价的影响，他们开始搭建“我是谁”的工程。长大之后，有人将累积下来的评价做一番整理、修正，以认识自己，重新出发；有人却停留在别人的评价中，老怕自己不够好，日子过得很辛苦。

在故事中，我引导小菩提发现自我，希望他能找到自己的独特之处，爱惜自己，同时尊重他人。

小菩提得到了“相信自己，尊重他人”的观念，这是深入文本阅读之后，才能体会的道理，不是接收一般信息就能了解的。针对幼儿回归文本，深入阅读的做法就是朗读故事，故事借由图画书成为阅读的内容，它需要被念出来，念给孩子听。聆听成为阅读的一种方法。我们将阅读导入另一个概念，就是“共读”，而且是“亲子共读”。

亲子共读要分阶段，讲方法。对孩子而言，阅读也是一种游戏，念故事给孩子听，若是生硬没情感甚至带有教训意味，孩子一定不会喜欢。亲子共读还要读出游戏感，让孩子欢欣接受。但共读又不全是游戏，它寓教于乐，以活泼的方式引导幼儿阅读。

为何给幼儿念故事具有游戏感？回想一下，为孩子念故事，很多时候都是孩子要求我们陪他玩。我们心里想：“不然就讲个故事给他听吧！”孩子得到满足之后，就会常来找你说：“讲故事给我听好不好？”

在共读的执行上，仍离不开念故事。单纯的阅读是去做一件叫作念故事的事情。而这里提出的“共读”别具意义。共读有三个重要理由：情感性理由、知识性理由、启发性理由。

《你有害怕吗？》这本书是拉菲克・沙米写的故事，卡琳・谢

《你有害怕吗?》封面及内页

尔勒画的图。

故事梗概：

鼠妈妈被猫追，虽然安全地回到了家里，嘴里还是一直说：“害怕！”这引起小老鼠米娜的好奇，她想知道什么是“害怕”？

米娜为了弄清什么是“害怕”，展开了冒险之旅。遇到狮子，她没有害怕；遇到河马，她没有害怕；遇见臭鼬、大象、大狗……她都不害怕，直到米娜遇见蛇，蛇张口要吃她，她躲开跑回家，躲进妈妈怀里，她才知道什么是“害怕”了！

经验借由积累而来。小老鼠米娜不知道什么是“害怕”，离家一次，真正遇到危险，她就体验到害怕的感觉了。害怕时，躲进妈妈的怀里，这也是一种幸福。《你有害怕吗？》是一本适合与 2 ~ 4 岁孩子共读的书。作为阅读引导人，你要想一想怎么引导孩子进入故事。

孩子渴望听故事，不单是阅读的需求，更多的是陪伴的需求；

听故事不只是游戏的需求，更是对情感交流的需求。无论是在床前、车上或客厅，还是在吃点心、玩玩具或洗澡后，阅读几乎在任何时间、地点都可以进行。

给他念故事，是希望听到我们说话的声音，加

。让孩子坐在腿上、依偎在身旁或靠在胸前，

满足，很快乐。共读的情感理由是有助于培养

感情，这种感情是自然的、原始的、持久的，

读是多么甜蜜、快乐后，共读活动就可以持

、启发性理由也就同时显现。照顾者念故事

有意无意地灌输一些知识，给他们一些启发。

我念安德烈娅·彼得利克·侯赛诺维奇的

开扉页，霍然显现在眼前的是一个布娃娃，

，画面有一种强烈的孤独感。小菩提说不

一个小孩。”一个男孩在画面中出现，手

在视觉上给人一种强烈诉求“希望”的感

么？

声：“我希望有

起来了。是的！

了。安德烈娅的

而具有震撼人心

感。小菩提感

图之时，“爱”

《爱》封面

《爱》内页

就自然涌出。

整本图画书的文字不多，但那种期盼的心情在读者心中回荡。孩子需要这种沉淀。在只有黑与白，没有灰色地带的年纪，他们拥有天生的良善。当我念出“我想快快乐乐的。因为，我是一个小孩。”时，我看见他在沉思。孩子是哲学家，为什么启发儿童的哲学思维需要图画书作为引导？因为在最纯粹的画面里，孩子可以有最深刻的体验与思考。

我没有与他进一步讨论。有许多感受自己慢慢体会就好，不是非讨论不可。这是一本适合一对一与孩子共读的书。读完一遍再让他自己翻一遍。

引导孩子“想要阅读”

我们带领孩子阅读时，可以主动营造共读的氛围。我们要成为阅读的协助者，让孩子在书的智慧海洋里遨游。

如何开始亲子共读？我在这本书一直强调阅读、念故事的重要性，既然要念故事，自然离不开书；既然需要书，那就把书介绍给孩子；既然已介绍了书，那就回归阅读活动的实施，这就是阅读循环。

从选书开始，进入阅读氛围，寻求孩子的回应，亲子共读的阅读循环模式在照顾者与幼儿的阅读行为之中进行。

回归带领孩子阅读的起点，我们期待幼儿阅读能进入理解书的内容的层次，但在阅读也是一种游戏的情况下，孩子对阅读的内容不甚理解，也是可以被允许的。

有些焦急的父母，在念故事给孩子听，或者孩子自行翻书时，总是疑虑孩子到底懂不懂。如果不能理解、体会，那何必阅读呢？这么小的孩子真的能懂吗？

我期盼孩子在听完故事之后能够与我谈谈内容，于是我会设计跟故事相关的问题与他互动。但故事念完就好，孩子只是聆听完全不谈论，这也是很好的方式。

共读的目的，不是僵硬地教会孩子在阅读中得到什么，或教会孩子如何阅读，而是借由共读引导孩子“想要阅读”。

“想要阅读”是一种欲望，就像肚子饿了想要吃饭，身体疲倦了想要睡觉。当孩子对阅读拥有像吃饭、睡觉一样的欲望时，自然而然就想要找书看。共读是为了培养孩子“想要阅读”。

“想要阅读”不是与生俱来的能力，这一认识来自我们陪伴阅读的过程与经验，因此我们要培养孩子“想要阅读”。孩子刚开始阅读时，需要与他人互动才能得到更多的乐趣。我们发起共读活动，可以激发孩子的阅读热情。

所以，照顾者应掌握如何让幼儿“想要阅读”的方法。整理《亲子阅读指导手册》里提供的几个简单方法：

一、共读越早开始越好。孩子喜欢模仿，年纪越小的孩子越喜欢模仿。孩子喜欢模仿大人的行为，模仿看得见、听得见的东西。照顾者为孩子念故事，开展共读活动，就是要让孩子明白阅读是一件重要的事，这样孩子才会模仿阅读。

二、让阅读变有趣。共读的执行方法，不外乎就是朗读。朗读时要注重念的技巧，让故事活灵活现。总之，一定要让孩子觉得阅读是一件有趣的事。

三、灵活调节共读氛围。孩子有“想要阅读”的权利，也有“不想阅读”的权利，创造共读的美好时光，并非一再强制孩子听故事。“想要阅读”是循序渐进培养而成的，孩子注意力分散时，缩短共读时间，之后逐渐加长。

我喜欢念故事给小菩提听，他聆听故事的陶醉神情，是被故事吸引的表现，也是给我的反馈。美好的共读时光是亲子间增进感情的方式。我秉持“声音有表情、肢体有语言、情绪有感受”的技巧与他互动。

在小菩提两岁的时候，有一天，他主动拿《我是霸王龙》要求我念给他听。

故事梗概：

很久很久以前，有一对翼龙爸爸妈妈住在悬崖上。有一天，翼龙妈妈噗的一声，生了一个蛋。然后，在某天晚上，蛋开始咕噜咕噜动了起来。啪！

一只好可爱的翼龙宝宝诞生了！翼龙爸爸和翼龙妈妈都好高兴哟！他们非常非常细心地养育他。

翼龙爸爸喂翼龙宝宝吃好多东西，然后对他说："多吃一点，将来才有强壮的身体哟！"翼龙妈妈抱着翼龙宝宝，一边哄他睡觉一边说："你以后一定要当一只善良的恐龙！"……

其实他已听了好几遍《我是霸王龙》，但还是想听我朗读。我念出来时，有些情节他已能背。最有趣的是，他念书的样子跟我一模一样。小菩提渴望阅读，阅读兴趣俨然已在他心中发芽。

我再推荐一本图画书。"温馨"是图画书的另一特色，适合爸爸妈妈与孩子交流时，将那种幸福感缓缓释放。我抱着小菩提念图画书《幸福在哪里？》，当故事讲完时，我总是问："好不好听？"接着再问："你幸不幸福呀？"他会笑眯眯地说："幸福！"

"幸福"是很抽象的一个名词。我问他什么是幸福，他不是很明白。他会抱着我，认为这就是幸福。如何将幸福具体地表达出来呢？《幸福在哪里？》用孩子明白的语言，用图像说出了幸福的模样。

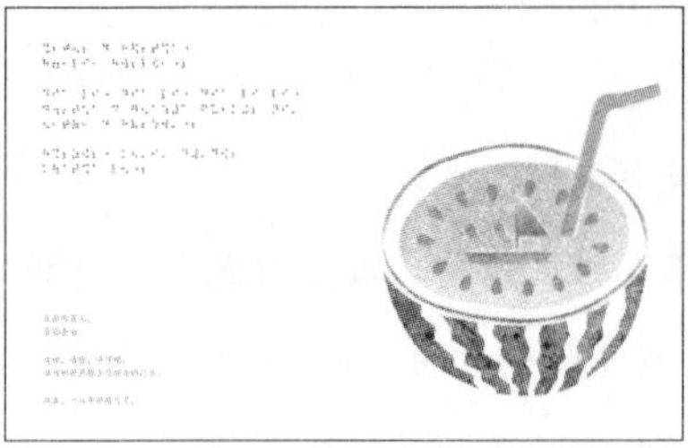

《幸福在哪里?》封面及内页

故事梗概：

早晨，麻雀会把你唤醒，喳喳喳喳。它们吵吵闹闹地敲你的窗，你就伸个懒腰，开始一天的生活。

上学的时候，鸽子会来找你，咕咕！咕咕！也许它在跟你说话，那么你就微笑着说声：“你好！”

身边无人陪伴，那就去找啄木鸟，它为你伴奏，你就扭着屁股跳个舞吧！

睡不着的时候，轻轻呼唤猫头鹰，它会在树上为你唱催眠曲……

当你长大了，青鸟会来。它会问你，幸福在哪里？

这是一本可以闭上眼睛，用手触摸的洞洞书。其实，幸福是可以触摸的，当孩子抱你的时候，你感到幸福，孩子更是感到满满的幸福。只要用心，从生活里很多平常的事情中都可以感受到幸福。幸福最主要的来源是陪伴。你深爱着孩子，孩子也爱你，这就是幸福。因为阅读，所以幸福；因为幸福，所以阅读。引导孩子阅读，你正在传递幸福。

亲子共读方法

当我朗读一本图画书的时候，喜欢让小菩提坐在腿上，我们同一方向面对书本，我轻声念出故事。

我还会让小菩提坐在小板凳上，拿着图画书面对着他，讲故事时带点“演”的成分，这也是我喜欢的方式。小菩提会像看戏似的听我叙述。

亲子共读没有固定的方法。我个人看法是让孩子能充分享受阅读的乐趣，而为了达到“想要阅读”的状态，什么方法都值得尝试。

你阅读的这本书中所谈的念故事的概念与方法，基本上是倾向一个字一个字出声地念给孩子听。我要明确说明，这只是一个“照本宣科”的方法，而共读不是只有“照本宣科”，还有“添油加醋”。

照本宣科

“照本宣科”就是照着书念，它的好处是可以让幼儿原原本本地认识作品。

这就是说，你在朗读故事的过程中，不添加自己的解释、感想，更不跳出故事主轴，不加入其他情节。忠实呈现故事原貌，完完全全让孩子成为故事的诠释者。

除了我们对孩子“照本宣科”，孩子也可以跟着照书念。重复的句子出现时，更能激发他们的兴趣，他们会反复诵读如歌谣般的句子。是的！你在朗读图画书时，要一个字一个字声情并茂

《宝贝，快到我的怀里来》封面及内页

地念出来，但别忘了“演奏”的技巧。那能让朗读的感觉不一样，听到有磁性、安定与充满爱的声音，孩子也就更投入。

我一直认为“照本宣科”是亲子借由阅读亲密交流最好的方法，你可以放轻柔的音乐作为背景乐，翻开图画书为孩子朗读。读完一遍后，尝试带着他一起念出声。若孩子已熟悉这本图画书，我们念故事时，可以邀请孩子一起念出声来，或者和大人轮着读，这让孩子在共读中更有参与感。

我念《宝贝，快到我的怀里来》给小菩提听，他坐在我的腿上，我环抱着他。儿童文学工作者柳漾推荐这本书：“对孩子来说，爸爸妈妈怀里是最温馨的、最有安全感的地方。在那里，他们可以做很多事情，一起读书、拍肚皮、吃东西、睡觉。”我就是这么做的，拿起这本图画书，让小菩提到我怀里来，我讲故事，他竖起耳朵聆听。

故事梗概：

熊猫妈妈把熊猫宝宝揽在怀里，和宝宝一起看书。狸猫爸爸把狸猫宝宝揽在怀里，嘭嘭啪啪拍肚皮，好像在打小鼓。猫妈妈的眼睛弯成月牙，笑呵呵地喊着小猫过来，她疼爱地舔舔小猫，小猫在妈妈的怀里睡着了。大象妈妈伸长鼻子，把小象宝宝抱在怀里，他们一起吃香蕉，一起吃苹果。大象妈妈和小象宝宝都幸福地睡着了，一只蜻蜓落在小象的头上，也甜甜地睡着了。

这本书的文字不多，可以慢慢地朗读，与孩子一起享受亲情滋长的感觉。在这样的氛围里讲故事，适合采用一字一句“照本宣科”的方法。一本图画书不是单纯地文字搭配图或图搭配文字，它是精密的图文组合，也就是文字讲的故事与图画讲的故事已经达到最完美的融合。唯有一字一句念，才能读出作者对这本图画书的诠释。

我认为“照本宣科”这个方法很好，很适合一对一,一对二或一对三的故事活动。我这样轻轻地念着，阳光打在窗棂上，那个下午很宁静。我读了三遍《宝贝，快到我的怀里来》，然后，我唱着歌，小菩提在我怀里睡着了。

“添油加醋”

熟悉图画书的内容之后，你可以抓住故事主轴，在不改变其意的条件下，重新诠释故事。这意味着每念一次故事，就改写一次故事。不同程度的改写，让文本变得活泼。朗读故事或说演故事时，就可以对故事进行改写。

对故事进行“添油加醋”，就是容许我们念故事时，将评论、心得或解释插入叙述之中。你可以拿着书本朗读，加入自己的观点引导幼儿；也可以拿着书本念故事，随情节进行延伸拓展，再导回主轴。这些方式都是为了吸引孩子。

“添油加醋”这个方法可以让孩子听听大人的想法。在引导过程中，我们甚至可以邀约孩子一起互动，进行讨论，这能让孩子对书的内容有更深的理解，而且孩子的疑问也可以得到及时的回应。

我建议交替使用“照本宣科”和“添油加醋”这两种方法。运用“说演式朗读”演奏一本图画书时，不必拘泥于一种方法，你可以视情况运用。在《“悦读”游戏策略》这一章，我会谈谈更实际的操作方法。

当我们拿到一本新的图画书，预读之后，第一次念给孩子听的时候，不妨按照“照本宣科”的方式念故事，让孩子感受书中故事的图文搭配所营造的美感。

当我们熟悉故事了，孩子对故事有了概念，或是孩子要你重复讲述一本图画书时，我们可以用自己的话陈述故事内容。

在采用“添油加醋”这种方式讲故事的过程中，我们可以抛出议题与孩子互动，给孩子解释一些词句的意义，和孩子一起讨论情节，分享彼此的感想。

接下来，你为孩子反复阅读一本图画书后，你们对书中情节都很熟悉了，这时可以设计一些“演”来与孩子互动。孩子成为书中角色，大家一起扮演，一起游戏。

图画书可作为亲子阅读中讲演故事的文本，念故事的行为也可视为游戏活动。与孩子共读图画书不仅可以采用“照本宣科”，你还可以多方面设计，延伸故事内容，“添油加醋”这种讲述方式可以强化图画书的功能。

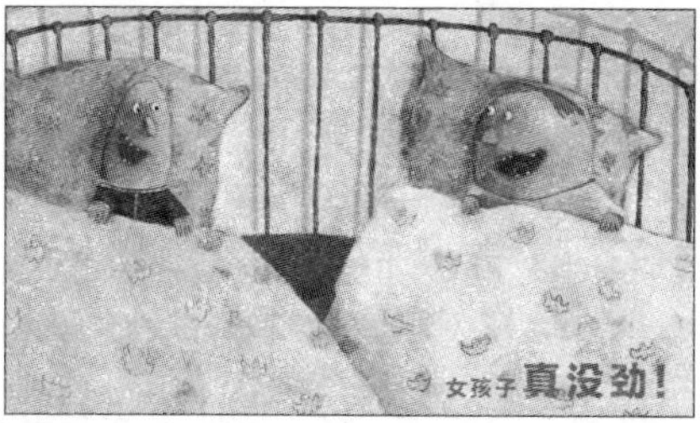

《真正的男子汉》封面及内页

《真正的男子汉》很适合用“添油加醋”的方法讲述。这是一本“淘气”的书。

故事梗概：

晚上，两个男孩不好好睡觉，取笑女孩子。他们嘲笑女孩胆小、无趣。女孩一天到晚只会给布娃娃梳头，不停地给布娃娃换衣服。她们胆小如鼠，夜里会被吓得尿裤子，只有抱着一堆玩具熊才能入睡。她们还怕鬼，聊着聊着，两个男孩自己也害怕了，最后他们和女孩一样，抱着玩具熊入睡。

这本书有浓浓的反讽意味，但也深入刻画了男孩的心理。我“添油加醋”地学着他们逗趣的对话，渲染情节。我一边说着夸张的话语，一边想着如何扮演才能让这两个男孩活灵活现地从书中跳出来。“添油加醋”意味着你可以用任何方式表现图画书的内容。《真正的男子汉》这本书抓住了男孩的心理，让读者看到男孩与女孩的区别。如果你要对孩子进行性别教育，这是一本不错的教材。但我是不会把它当教材的，我会在类似“再创作”的讲述中，为《真正的男子汉》增添活力，让孩子在听故事时哈哈大笑，在欢快的氛围中了解性别差异。

而另一本，长谷川义史的《吃饱了，吃饱了》，让人一拿起来就有兴趣阅读。这本图画书光是书名就让人浮想联翩，不禁莞尔。这是一本采用适合“添油加醋”的方式讲述的图画书。扉页设计成“吃饱了”飞行棋，就是要你拿骰子与棋子跟孩子试着玩玩闯关，同时还可以教导孩子学习数数。

我翻开书，“添油加醋”地说：“今天是星期天，一个阳光很好的日子。要穿得漂漂亮的去餐厅吃饭哟！”这句话跟原文不同。我试着扮演，带着小菩提去餐厅。我又说：“你今天想吃什么？”他回答：“想吃鱼！”

“开吃了！开吃了！”书上描述的是：爸爸吃了蛋包饭，妈妈吃了三明治，小孩吃了儿童套餐。我说：“我想吃面条！你想吃鱼，有！鱼来了！”我们融入图画书的情节中，玩起了扮演游戏。然后我们都摸着肚皮，说：“吃饱了！吃饱了！”。

接下来吃什么呢？嗯！想吃煎饼。图画书的重复性展现出来，我们的游戏在“添油加醋”这种讲述方式中进行，问答也一直重复着。我说：“你要吃什么口味的煎饼？”小菩提说：“鸡蛋口味！”我回答：“有！”书上描述的是：爸爸吃了猪肉煎饼，妈妈吃了乌贼煎饼，小孩吃了新式煎饼。然后，“吃饱了！吃饱了！”我们又摸着肚皮。

接下来吃什么呢？拉面如何？这本图画书不断重复主人公到餐厅吃各种美食的过程。我们就这样一直玩下去。“吃饱了！吃饱了！”一直摸肚皮，吃得肚皮鼓鼓的，好像再也吃不下去了。

《吃饱了，吃饱了》封面及内页

优秀的图画书总是有意想不到的妙笔。这本书最后一页有转折：“还是妈妈做的饭最好吃”。这将《吃饱了，吃饱了》的“故事眼”点了出来。我们也认为妈妈做的饭最好吃。我“添油加醋”地活用这本图画书，其中淡淡的哲理流露出来了，我和小菩提之间的交流也在讲故事、对话与游戏间完成。

亲子共读要领

共读是有技巧的。不同的技巧有不同的目的，下面我按照《亲子阅读指导手册》提供的“可达成的阅读阶段能力”，说明照顾者在进行共读时可以加入什么样的技巧。

在这里，我将这些技巧区分为帮助孩子了解什么是书，帮助孩子了解书中文字的意义和帮助孩子深入理解书的内容。

论述这些技巧，是为了让照顾者在念故事时，清楚共读的目的。我们未必执行每一个步骤，但有了这些观念、技巧之后，我们会更清楚地知道如何做能让共读更有质量。

一、帮助孩子了解什么是书，照顾者示范书的结构：

能力培养	技巧或活动
能指认书的封面、封底、上、下……	共读时，从封面开始读至封底结束。（做必要的提示：“书念完了！”或“结束啰！”）
以合宜的方式翻书。	共读时，照顾者以较慢的速度示范翻书动作，邀请孩子一起练习。
能区分图与文字的不同，能了解图与文字是搭配的。	看到图时，用手指着图说：“这是……”；念书时，用手指文字。
能了解从哪里开始念书。	共读时，用手指着该页文字的开头处。
能知道书名是什么。	每回念书时，先从封面上的书名开始。翻到扉页上的书名时，再念一次。
能知道著者是谁。	以简单的话解释“著者”的意思；念书时，也要念著者的名字。
能知道绘者是谁。	以简单的话解释“绘者”的意思；念书时，也要念绘者的名字。

二、帮助孩子了解书中文字的意义，让孩子熟悉故事，并从中尝试认识文字。

能力培养	技巧或活动
了解文字书写的方向。	照顾者一边朗读，一边用手指轻划文字下方。（从左到右，从上到下）
了解口语所说的内容是可以变成文字的，是可以被书写下来的。	一边朗读，一边用手指轻轻划过文字下方，暗示文字与故事的结合意义。
了解环境中的文字具有传达特定意思的功能，文字是可以被念出来的。	照顾者一有机会就指认环境中的文字给幼儿看。
了解“字”是什么意思。	用“这个字是……”的话语，指认环境中出现的文字，或书上的文字，并试着解释。
能认出一些常出现的字。	在纸片或本子上，写下一些已经读过的字或词，这些字、词是在共读时出现过多次的。 让孩子自行翻阅书本，并指认已认识的字或词。
能听辨出押韵的字，甚至可自行组织押韵的文字。	当共读数次有韵律的书之后，向孩子说明“韵”是什么意思。（利用书中的例子来说明）尝试做练习。
能根据上下文意思认出文字；能运用语句结构、意思认出文字。	带孩子观察字形，了解前后文，以猜测某个字的意思。
自行尝试念出文字。	鼓励幼儿自发阅读。当照顾者念完故事之后，鼓励孩子再自行翻阅书。

三、帮助孩子深入理解书本内容，照顾者引导孩子从已知的线索，推导、认识未知的内容。

能力培养	技巧或活动
能以念字或叙述的方式参与共读。	照顾者朗读故事，念到某处时，可以暂停，示意孩子续接下面的句子。
不需要照顾者协助，孩子就能自行复述故事。	共读故事之后，请孩子回忆和复述大概的故事内容。（利用书中图片完成）
复述故事，孩子能完整地叙述故事。	共读故事完成之后，照顾者可尝试将故事的场景、人物、主题、情节、冲突与解决方法等大致分析给孩子听。等孩子熟悉之后，再请孩子复述一遍。
聆听故事之后，能针对内文细节、事件顺序、主题等，提出问题或意见。	照顾者先以“添油加醋”的方法念故事，说说自己对内容的看法之后，再请孩子发表意见，或者共同讨论。
孩子聆听故事或自己复述故事之后，能对书中内容有进一步的意见、看法或疑问。（例如，推论主角的感受，找到因果关系，甚至与其他相似故事做比较）	照顾者同样以“添油加醋”的方法念故事，先分享自己的意见，再请孩子发表自己的看法。若是“照本宣科”地念故事，可在讲完故事之后再按上述方法操作。

在运用表格中提供的共读技巧时，我会搭配使用“念故事三部曲”策略。与孩子共读需要循序渐进，以上提供给照顾者的是可依循的做法。给孩子念故事可以念完就好，但若能积极地引导

孩子进行识字、表达、分析、思考、比较，就能激发孩子对书的兴趣，同时使孩子拥有优质的学习方法与学习态度。

阅读攸关孩子未来的学习力、阅读力，甚至竞争力，因而应该让孩子养成阅读的习惯。共读是一个概念，在操作上，仍要用回归本质的做法，那就是扎扎实实念故事。

亲子共读阅读视图

共读应是快乐的亲子阅读行为，我们给孩子念故事就像陪孩子玩游戏似的，没听说玩个游戏还需要检视或者评价。阅读是学习的初始阶段，要让孩子对书有感觉，让孩子认为书是有意义的。

阅读是一种能力，它是必须要培养的。念故事就像玩游戏，能增进亲子之间的情感，或许不必太在意孩子是不是真正达到了理解的程度，只要孩子对书本，对聆听故事不排斥，就算有所收获。

我在带领小菩提阅读时，我们总是随心阅读。我甚至编一个信手拈来的故事，简单的情节、人物、背景、冲突与问题解决方法，他都听得津津有味。

我拿起朗读图画书朗读故事，也不是刻意的。有时我说："小菩提，听故事啰！"他便乖乖地坐在椅子上等待。有时他拿着图画书，拉拉我的衣角："爸爸，我想听这个故事。"

小菩提拿着《花婆婆》要我念给他听。

故事梗概：

花婆婆住在海边的一间小房子里，房子的四周开满了

《花婆婆》封面及内页

蓝色、紫色和粉红色的花儿。花婆婆是我的姨婆，她的年纪很大，个子小小的，她常常告诉我她年轻时候的事。很久以前，当她还是一个小女孩的时候，她的名字叫作艾莉丝，住在海边的城市。从她家门口的石阶上，可以看到码头和来来往往的大船。很多年以前，她的爷爷就是搭乘一艘大帆船来到美国的……

我们享受快乐的亲子共读时光，我“照本宣科”地将故事念完，且念完就好，他高高兴兴地去吃点心。当我们共读的时候，我刻意拿《花婆婆》问他要不要听。小菩提点点头。幼儿的重复欲驱使他愿意反复接触自己感兴趣的事物。这时我结合“添油加醋”与“念故事三部曲”的方式讲故事，我发现他的回应是有效的。我曾经带小菩提去基隆港看过船，所以当《花婆婆》故事开始讲到码头来来往往的大船时，我指着图，问：“你记不记得我们看过大船？”他点点头，我们稍稍讨论一下那天在码头的事情。然后，我继续讲《花婆婆》的故事。他是有回应的，也许故事讲得断断续续，但我们聊得很愉快。他说：“星期天，我们去假日买花种子回来种，好不好？”

我曾经带他去过假日花市，他知道这个地方。我明白他为什么这么说，因为故事有一段描述：整个夏天，花婆婆的口袋里都装满了花种，走了一路，撒了一路。来年春天，原野上、山坡上开满了鲁冰花，它们沿着公路和乡间小路盛开着，明亮地点缀在教室和教堂后面，连空地上和石墙上都开满了美丽的鲁冰花。

“我想让花圃都开满花。”他指着阳台说。

“好啊！我们一起完成。”我回答。

这故事的延伸活动为我们带来一个实际行动。我们去买假日种子，将种子撒在阳台花圃里，然后，我们郑重其事地祷告，说出希望花儿绽开的愿望，就像花婆婆完成的第三件事一样。

我与小菩提的共读行为已经跳出单纯理解文本的层面，他已经懂得推导、比较与应用，也因为有了“应用”的想法，才会想去种花。

检视我们的阅读行为，小菩提完成这一连串的活动，绝非只是读了一本《花婆婆》。他的行为是经过多次阅读的积累，获得了经验引起的。

共读需不需要检视，需不需要评价呢？若是达不到评价标准，阅读的过程是不是就失去效果了呢？

我想不需要如此严苛地看待幼儿阅读，亲子共读是快乐的亲子互动，养成习惯认真执行即可。共读随时随地都可以进行，它是一个积累的过程，方法、技巧上缺少几个步骤，并不影响。

我要表明的观点是，知道“念故事三部曲”，了解“阅读循环”，明了“共读方法与技巧”都是启动幼儿阅读的过程，三者可以融合运用，但千万不要死板地套用。

每个孩子都如此不同，给孩子讲故事既要掌握原则，又要抛开原则，自自然然地念故事，轻轻松松地融入技巧与方法即可，孩子欢喜且有所得最重要。

至于共读的阅读视图，在这里我提供《亲子阅读指导手册》中的评价方法。这是一个幼儿阅读评价的方法，有助于检视幼儿以及照顾者的阅读行为。

检视依赖评价完成。使用这个评价方法，主要是想明了孩子现有的阅读能力，发现孩子的长处，以继续鼓励孩子阅读，提升阅读能力。

从评价中，可得知孩子尚未发展出来的能力，因而评价结果可作为照顾者指导孩子阅读的参考。我们可以根据孩子已经知道的部分，指导孩子去学习尚未知道的部分。

通过评价来检视阅读行为时，可以设计一些评价表，用以观察和记录阅读情况。我们身为共读引导者也应有一个评价表，以检视自己引导孩子阅读时是否掌握了原则。自我评价的目的，是借着照顾者通过系统的自我省察，去发现、带领幼儿共读时已经做到或必须加强的部分。

照顾者也可自行设计一系列评价表，记录孩子在的阅读中的成长。阅读成长记录中有孩子不同时期的阅读行为，可为检视孩子的阅读行为提供参考。

想要评价处于阅读启蒙期的孩子的阅读行为，就要记录他的阅读概况，从而清楚了解这一时期孩子的阅读应具备哪些能力，照顾者也可参考评价结果确定导引方向。

其实我强调的是记录的意识，你也可自行设计评价表，毕竟每个孩子的情况都不同，只要掌握原则与方法，就可为孩子制作评价表。评价表也是一种幼儿阅读日志，每日为孩子记录阅读行为，久而久之便可看出轨迹，日后幼儿阅读发展也会有一个线性迹象可循。

我认为，阅读评价表至少可以作为孩子阅读成长的一个“时空胶囊”，天天记录成长过程是令人喜悦的事情，多年以后也是美好的回忆。

一、照顾者自我评价要项

	照顾者行为	有时	常常
鼓励回应	在共读活动里，有没有鼓励孩子问问题，或说说想法。	○	○
	鼓励联结书与现实生活中的经验。	○	○
	当孩子没有回应时，是否提出问题以引导孩子思考。	○	○
	当孩子不知如何回应时，是否示范自己的思考方式。	○	○
支持孩子	回应孩子的每一个问题。	○	○
	对孩子讲出的评论有回应。	○	○
	对孩子的回应给予正面的嘉奖。	○	○
	与孩子分享自身的经验。	○	○

二、幼儿阅读成长评价记录

行为	日期	意见
能独自一人读图画书里的图。		
知道封面在哪里，也知道如何翻页。		
知道从哪里开始念。		
知道正确的阅读方向。（知道由左往右或由上往下念）		
知道文字的意义。		
能将文字与语音做一对一的对应。		
能找出相同的文字。		
能发现字中类似的部首或部分。		
能对故事有回应，并且愿意发问，发表自己的意见，参与讨论。		

三、幼儿阅读成长日志

记录要项	日志内容
什么时间？ 在哪里？ （共读的时间、地点是什么？是随机阅读还是孩子要求阅读？） 书名是什么？	
故事大意？	
以何种方式念故事？（是按照“念故事三部曲”进行吗？）	
孩子聆听故事时的神情是什么样的？	
念故事时是否进行互动？	
孩子是如何回应的？	

我为小菩提朗读故事，我们能在亲子共读的氛围里沉浸好长一段时间，那感觉十分快乐。

我们时而开怀大笑，时而哀伤感动，时而专注认真，时而互动讨论，每一分每一秒都很珍贵。

我用简易的文字记录小菩提的阅读成长，那是我们共读的记录，这除了能看见他的阅读成长轨迹，也是他最甜美的回忆数据。

记录要项	日志内容
什么时间？ 在哪里？ （共读的时间、地点是什么？是随机阅读还是孩子要求阅读？） 书名是什么？	○年○月○日 下午，我回家的时候，小菩提拿起妈妈刚帮他买的图画书《我是你的好朋友》。他很兴奋，妈妈已经念给他听了，他希望我也能念给他听。 在客厅里，我们坐在沙发上。虽然不是故事时间，但我还是翻开图画书念起故事。因为刚拿到书，我只是简单预读，就开始为他朗读《我是你的好朋友》。
故事大意？	描述小北极熊宝儿与野兔瑞比是好朋友。瑞比掉进冰洞，宝儿将它救起来；宝儿闯入北极研究站，瑞比想方法让宝儿脱险。
以何种方式念故事？ （是按照“念故事三部曲”进行吗？）	一个字一个字“照本宣科”地朗读。

续表

记录要项	日志内容
孩子聆听故事时的神情是什么样的？ 念故事时是否进行互动？	小菩提专注聆听，说：“宝儿好顽皮，跑进了研究站。” “对啊！如果被发现会怎样？”我反问。 “会被抓起来！” “不会！研究人员会把它赶出去。” “我想研究人员会把宝儿带回家。”小菩提肯定地说。 “为什么？” “因为宝儿太可爱了！”他指着书上的小北极熊说。
孩子是如何回应的？	我们的对话有那么一点儿童哲学似的讨论。小菩提在我念完故事之后，他自己再翻翻书，嘴里喃喃地念着内容，很快乐。

念故事给孩子听是再简单不过的事情，的确，只要用点心，随故事情节投入“声音表情、肢体语言、情绪感受”，故事就可以讲得精彩生动。谈到预读的观点，不外乎是建立念故事前要做准备的意识。照顾者朗读故事给孩子听时，若加入设计，更能发挥念故事的效能。

参照“念故事三部曲”，有设计性地朗读图画书，总比拿起书就念更好。运用这些经验，能使孩子在学习上“循序渐进”地获得效益。

什么是“念故事三部曲”？我要强调，念故事能带动阅读，好好地朗读一本图画书是很重要的。但不一定真要有三部曲的程序，僵化地朗读故事反而是一种伤害。我只提供观念与方法，只要朗读时能方便、有效地执行，孩子能有实质感受与收获，亲子能愉快地完成念故事的过程，这样便达到效果了。

“念故事三部曲”强调的是，念故事之前，我们可以怎么做。念故事之时，我们可以做什么。念故事之后，我们又应做什么。在此我提供可运用的方法与操作技巧作为参考。我一再强调预读的重要性，也就是熟悉一本图画书之后，就知道如何进行“设计”了。我所提的观点，只不过是熟悉故事之后执行方法的运用。

当照顾者拿起书时，无论是图画书还是有插图的故事书，在进入朗读之前，我们都不能忽略孩子。孩子是聆听者，但不能只是做聆听者，他们还是参与者，这意味着照顾者朗读故事时，不能单一片面地只是念，要带聆听者一起参与阅读，也就是互动念故事。

第八章
『念故事三部曲』策略

首部曲，阅读前：介绍与猜测

二部曲，朗读中：朗读、理解与复述

三部曲，朗读后：回顾、思考、延伸活动

首部曲，阅读前：介绍与猜测

担任照顾者，父母、幼儿园老师，拿起书时要做什么呢？就让我们从封面开始吧！封面的书名与插图总会有一些蛛丝马迹，会透露线索，暗示故事情节，也许线索不会那么明显，不过也正是因为这些不明显的细节拓展了猜测的空间。

介绍一本书是首部曲涉及的重要工作。有些大人会忽略这个过程，所以他们往往念完故事，却不晓得图画书的著者和绘者是谁，更别奢望孩子会知道。介绍一本书的背景，主要是对这本书的作者尊重。

预读完成后，我们对书的内容有了大致的了解，不妨为孩子简单介绍故事中的人物、情境与主题，大致告诉孩子要注意书中的哪些人物或对象。

我拿起图画书之后，会鼓励小菩提用自身的经验，带一些想象去猜测故事可能会有怎样的发展，同时会告诉他需要注意哪些对象。图画书总会隐藏一些细节，它们可能对整个情节发展具有影响。

《小黑鱼》封面

对于小班以上，稍大一点的幼儿，引导的过程就是带动思考的过程；对于三岁以下的孩子，提供对象让他们注意，然后带领他们在书中寻找。

我为小菩提念图画书《小黑鱼》。首先，我指着封面为他介绍书名："小黑鱼"，介绍图画书作家叫李欧·李奥尼。他不是很了解这个人，但我认为有必要告诉他。封面上有一只特别显眼的黑鱼，我问他：“小黑鱼在哪里？”小菩提正确地指出它所在的位置。

我再问：“小红鱼在哪里？”小菩提又正确地指出小红鱼所在的位置。

此时，我正在进行引导，让小菩提注意对象与细节。猜测是朗读前故事人与聆听者的互动。隐藏细节或者对象突显都有可能影响情节，这时的猜测就会充满趣味，同时拓展想象空间。

我们应引导孩子看图讲故事，让他尝试讲出自己猜测的情节，无论内容与原书是接近还是出入很大都要给予孩子适当的鼓励，因为当孩子愿意思考时，已是在实践激活阅读的第一步。

我问：“这里有几只小红鱼？”

小菩提回答：“六只。”

我又问：“为什么小红鱼比较多？小黑鱼却只有一只呢？”

他想了一下，就自身的经验开始猜测，编起故事。“因为小黑鱼太不一样了，不能跟小红鱼生活在一起。他好可怜，孤独地在海里游来游去。”

我点点头，虽然他所讲的内容跟书中的情节相差很多，但我仍然肯定他的回答。既然小黑鱼如此特殊，那么特殊的它在故事中是具有影响力的。我引导小菩提注意观察小黑鱼在故事中到底怎么了，还有它的重要性体现在哪里。

封面的确包含细节，这些细节在图画书的内页中也都出现了，也影响了故事的发展。优秀的图画书让读者感到惊奇，这就是说情节走向不那么容易被猜到，但也正是因为情节让读者猜不到，读者才会有惊奇感，然后对它的印象变得深刻。

当我朗读完《小黑鱼》，揭示了对象的功能、隐藏的细节线索后，我跟小菩提都感到很惊奇、很愉快。

首部曲，就是在朗读前进行封面阅读导引，介绍书的背景，对故事走向进行猜测，这是很重要的开始。

二部曲，朗读中：朗读、理解与复述

忠实地朗读故事，是指我们要加入的只有那些随着情节变化而变化的声调、肢体动作与表情，这些变化属于朗读技巧。“声音表情、肢体语言、情绪感受”，这些就是朗读时需要注意的方面，采用这些技巧，我们会明白如何让讲故事变得精彩、生动，让孩子听得津津有味。

念故事基本上是一气呵成的，不做无谓的中断。但我们在念故事时，必须检视孩子的反应，让朗读有效进行。如果孩子不能专注聆听，而被别的事物吸引，不妨停下来，了解一下孩子这样做的原因。

聆听故事是个愉快的过程，孩子欢喜的情绪与专注的神情都会表现出来，若孩子一脸茫然，就表示有干扰因素。稍微注意一下，是可以排除的。如果孩子真的很不想聆听故事，绝对不要勉强。若朗读故事的过程让孩子感到很痛苦，孩子是会排斥的。

什么样的问题让孩子不想听故事？肚子饿了、身体不舒服、情绪不好、听不懂、被其他事物吸引、有人来拜访……若能排除干扰，再回来朗读；若不能排除干扰，宁可暂停，先去处理问题。

朗读需要良好的氛围，这样才可以把故事念得精彩，让孩子陶醉其中。

朗读故事时，孩子时而微笑，时而皱眉，这表示孩子的心情正随着故事情节起伏。此时，在声音变化与情节节奏的搭配下，孩子已经融入朗读的氛围里，这时的阅读、念故事才是有效的。

照顾者念故事时要考虑如何让孩子融入朗读的氛围里，理解故事。照顾者应清楚孩子对所读的图画书是否了解，为孩子选择适龄的读物很重要。市场上为幼儿编辑的图画书和故事书，它们的内容针对不同年龄的幼儿有不同的设计。一般图画书都会清楚标示适读年龄。如果没有标示，作为童书守门人的大人，读一读内容，大概就知道它是否适合孩子的年纪了。幼儿阅读分级的概念此时就要建立。

三岁幼儿阅读适合六岁孩子读的图画书会觉得的语言、内容不易理解；六岁孩子阅读三岁幼儿读的图画书会觉得内容过于浅显，会感到无聊，因此适读分类颇为重要。

既然谈到读物的适读年龄，这便会涉及理解层次。孩子不爱听故事，有时也是因为不能理解故事内容的缘故。那么在朗读故事时，我们要注意讲述故事的方式应配合孩子的理解需要。

基本上选对书，孩子就没有不能理解的内容。编辑是第一层守门人，他们已经做好书的适读分龄；照顾者是第二层守门人，我们可以通过一些互动方法，探知孩子聆听时是否理解故事在说什么。

朗读可以促进亲子互动，采用“照本宣科”的方式，安安静静念完一本书是很好的方式，但有时不见得要一口气念完一本书。

摊开图画书，在适当之处，我们可以请孩子预测即将发生的事情。孩子若不能理解故事内容是无法进行的，无论孩子说得对不对，都应给予鼓励。孩子在理解故事内容之后，大致能掌握故事的节奏，预测就成了好玩的游戏。

在念故事的过程中，你偶尔可以通过问问题来了解孩子对故事的理解程度。问问题的方法，是第一层次“直接提取”，你可以从念过的故事中找问题来问孩子。孩子若理解故事内容，便能很快回答。这时照顾者还可以鼓励孩子对这本图画书，提出自己的看法。

这个过程需要引导，照顾者应先示范，说出对情节、角色、背景、主题等的看法。择一即可，不必全部讲清，这主要是为了引导孩子在理解之后，学会思考，勇于表达。

满足幼儿的重复欲，当孩子爱上一个故事的时候，总希望能反复聆听。照顾者念完故事之后，即使故事刚刚听过，孩子仍喜欢再听一次。这需要照顾者再念一次，甚至念第三次。

复述，是照顾者念故事的一个小技巧。孩子会重新检验自己对故事的诠释，当孩子熟悉故事情节之后，可以通过复述来洞察故事中的角色、事件。

以《绿池白鹅》为例。我为小菩提朗读《绿池白鹅》时，他六岁。当我预读这本书的时候，我被它优美的文字，温柔的叙述所吸引。

故事梗概：

有一个名叫“绿池”的池塘，白鹅住在它旁边的竹林里，每天早上都有许多小孩子等着白鹅来到绿池。他如一位穿着白袍的国王，优雅地在绿池巡行一周。孩子们带着敬意看着这只白鹅，白鹅喜欢和孩子们亲近。

绿池又来了另一只白鹅，他住在灌木丛里，新来的白鹅十分热情，热情地与孩子们互动，孩子们也喜欢他。两只白鹅暗自欣赏对方，有一天黄昏，他们在绿池中央相遇，彼此赞美对方的优点，虽然他们是这么不同。

我喜欢这个故事，它有深刻意涵——欣赏别人的优点，适时赞美。我轻声朗读，抑扬顿挫的声调让小菩提听得很舒服。第一遍念故事时，我采用“照本宣科”的朗读方式，我指着文字念出声，时而引导他欣赏图画，时而注意他聆听故事时的反应。

小菩提听得很认真，当我读到第二只白鹅出现时，试图让他预测故事将朝哪儿发展。

我问：“第二只白鹅出现了，你猜会怎样啊？”

小菩提答：“他会和第一只白鹅成为好朋友。”

孩子就是孩子，心中永远存着美好。故事继续进行，两只白鹅相遇后，果然像君子一样，他们互相欣赏，赞美对方的优点。

我告诉小菩提接下来的情节发展他猜对了，两只白鹅果然成了好朋友，他很高兴。

第二遍朗读时，我采用了“添油加醋”的朗读方式，我有时停下来，以“直接提取”的方式，找书中的内容提问，我说：“哪一只白鹅最热情啊？”他回答：“第二只白鹅。”

虽然，这样的提问没什么技巧。我认为提问的目的不是要难住小菩提，而是观察他是否理解，是不是听懂了我的叙述。

亲子共读的时光是美好的，朗读中，我们时而停下讨论。我说我喜欢池塘的环境，凉风吹过来，孩子们静静地欣赏白鹅在池塘里漂游，这样的场景像一幅美丽的画。

念故事的过程中，我又稍微停了一下，试着问问小菩提有什么感受。我问："白鹅他们怎么了？"

小菩提回答："第一只白鹅和第二只白鹅变成好朋友，就像我跟凯欣是好朋友一样。"

他已学会用比拟的方式，结合他与好友的关系理解故事情节。就这样，朗读时，我偶尔问小菩提问题，慢慢地，我们一起把《绿池白鹅》读完了。

在我第一次把这本图画书读给小菩提听的时候，一共读了三遍。朗读完之后，我表扬了小菩提的优点，就像这本书中两只白鹅互相赞美对方一样。小菩提听了我的赞美后很高兴，抱了我一下。从此，他爱上了《绿池白鹅》。

这里提供一些朗读进行中可以操作的方法。倘若照顾者不这么做，或选择性执行，我认为也没有关系。只要你踏实地念故事，孩子表现出爱听的专注神情，他们从书中有所收获，甚至给出反馈，这便已达到念故事的目的。

三部曲，朗读后：回顾、思考、延伸活动

念完一本图画书，其实念完就好，念故事时间就可以结束了。我喜欢这种方式，留出许多想象空间给孩子，不会将亲子共读经

营得像上课。

图画书朗读一遍也好，朗读两遍也好，如果孩子有兴趣想听第三遍，那就念继续念故事给孩子听。我倾向一本图画书至少朗读两遍。第二遍可以进行一些互动与提问，像玩游戏一样，检视孩子是否理解。这就复述。

念完一本图画书，照顾者若要设计延伸活动，这也是相当好的做法。尤其是幼儿园的教师，课程设计是免不了的。朗读之后，针对故事内容设计延伸活动是对三部曲的完整运用。

合上图画书，照顾者可以与孩子一起回顾情节内容。这需要我们预读故事，做一些功课，了解对故事的角色、情节、环境、冲突与解决方法等。

1. 了解角色的个性、行为以及其在故事中的地位。

2. 了解故事的情节，故事是如何开始、发展，高潮与结尾是什么。

3. 了解故事的时、地、物，亦即时间、位置、对象。

4. 了解随着情节的发展，问题是怎样出现的，也就是冲突在哪里。

5. 冲突衍生问题，产生问题就要解决问题，找到解决方法。

好的故事发展，必须具备这些要件。照顾者在预读图画书时，心中就应了然整个故事的架构，了解故事大概的线性的叙述方向，掌握开始、经过、结尾，然后寻找冲突在哪里。如何解决问题。这样回顾故事内容时，就显得得心应手。

朗读几遍图画书之后，合上书本与孩子讲讲故事的情节，这样有助于加深他们对故事的记忆，帮助他们理解叙述的逻辑。以提问的方式多让孩子讲内容，他们会因自己也能参与说故事而高兴。孩子不只是聆听者，也是叙述者。这样的亲子互动会很愉快。这是很适合幼儿园老师在班上说演故事之后，带领全班孩子进行的活动。有一种讲故事的方式是“插嘴式讲故事”，其中一个步骤是由老师提出回顾的情节，试图让孩子们接着回答。

上幼儿园的孩子已可以独立思考，发表心中的想法了。思考是很重要的训练,我们应借由念故事,让孩子聆听。孩子聆听之时，因为理解而进入思考。松居直曾说，大家讲故事时，绝不要将含义直接说出来，只要反复讲述故事就够了。心有触动时，爱就会融入心中，成为孩子内心的力量。

阅读层次的第一层是记忆层，千万不要只停留在记忆。第二层是理解层，你要检视孩子是否理解。第三层是应用层，思考之后的表达就是一种应用，借由应用的行为，可以看出孩子的理解程度。

照顾者要适当引导孩子说出孩子自己的看法，硬要引导孩子讲出照顾者自己心目中的答案，那就失去了思考的意义。照顾者要鼓励孩子表达自己对故事的感受与想法，尽可能给孩子这样的机会。

每个孩子的领悟程度不相同，照顾者千万不要有标准答案。孩子怎么说都行，他也许会叙述自己天马行空的想象，对此我们都应给予肯定。就算跟故事是八竿子打不着，我们还是要肯定，为什么？因为他在进行一件很重要的事——思考。

回顾与思考是交错的过程。照顾者一边进行回顾的叙述，一边抛出思考议题让孩子尝试表达自己的感受、想法或参与回顾故

《不可以！》封面及内页

事。接下来是搭配故事内容，设计延伸活动。在预读故事之时，照顾者应心中有谱。一般父母在家念故事给孩子听，可以不做到故事延伸活动这一步，但身为幼儿园老师要知道如何设计故事延伸活动，这可是教师的职业技能之一。

设计延伸活动时建议从多个方向进行思考，这样有助于设计教案。讲故事时根据故事内容运用感觉器官，即掌握视觉、听觉、嗅觉、味觉、触觉等感官与活动联合运用的方式，活动的意义就会延伸。比如，绘画会用到视觉、触觉，音乐会用到听觉，游戏

《不可以！》内页

会用到视觉、听觉、触觉，劳作会用到视觉、听觉、触觉……

例如，我讲《不可以！》这本图画书给小菩提听。这是一本标准的图文各自阐述故事的书。狗狗的名字叫作“不可以”！这实在是很特别，为什么叫作“不可以”？事实上，它很热心，总是想要帮忙。例如，它想要试吃食物，确保食物没有问题，但是主人总是对它说：“不可以。”不知是在叫它的名字，还是真的“不可以”做什么。

小菩提呵呵呵地笑，他懂这“不可以”有双关的意思。这只天真的“不可以”真正的名字叫作“史派克”，而主人说的“不可以”把狗狗弄糊涂了。

读到这里，我问小菩提：“它叫史派克，为什么家人都叫它‘不可以’呢？”“它都做了不可以做的事情，所以，家人叫它‘不可以’。”小菩提回答道。我在想，这一本书已不只是给孩子读的书，也是给父母的教养书。你是不是给孩子太多负面的语言了？孩子就像这本书中的狗狗一派天真，搞不清状况。你是否想过孩子在过多的负面语言里生活会变成什么样子？我认为，这是一本可以培养儿童哲学思维的书。

给小菩提讲故事时，我会运用“念故事三部曲”，交替运用回顾与思考的方法，带领小菩提在故事的氛围里回顾与思考。然后，我开展故事延伸活动，我做了狗狗的面具，带着小菩提涂色。小菩提毕竟是幼儿园的孩子，他的涂色技巧不是很熟练，但听完故事之后的涂色活动却让他兴致勃勃。

当你依照“念故事三部曲”朗读时，要注意在这些过程中要随时与孩子互动。首部曲，翻开图画书之前，与孩子一起对故事隐藏的细节或突显的对象进行猜测；二部曲，在讲故事时，偶尔提问，让孩子预测故事发展，从而理解故事；三部曲，回顾与思考故事，适时引导孩子想一想再回答问题。这些都是积极带动孩子参与讲故事的方式，是让孩子学会聆听、思考与说话的学习机会。念故事可以引导孩子学会阅读，阅读可以带动孩子学习。

念故事三部曲

过程	要领	做法
首部曲：朗读前	介绍、猜测	一、简单介绍著者、绘者。 二、简单介绍故事中的人物、情境与主题。 三、鼓励孩子以自身经验，想象、猜测故事情节的发展。 四、注意书中的隐藏细节和突出对象的作用。
二部曲：朗读中	朗读、理解、复述	一、应清楚孩子对这本图画书是否了解。 二、念故事时，检视孩子的反应，以此了解朗读是否有效进行。 三、注意故事的表达及内容详细度，应配合孩子理解需要。 四、“照本宣科”是很好的念故事方式。 五、在适当之处，请孩子预测故事的发展。 六、偶尔问孩子问题以了解孩子对故事的理解程度。 七、故事念完之后，即使刚刚听过，孩子仍喜欢再听一遍，可以再念一遍，甚至念第三遍。
三部曲：朗读后	回顾、思考、延伸活动	一、合上图画书，与孩子一起回顾情节。了解故事的主要角色、情节、环境、冲突、解决方法等。 二、简述故事情节，有助于加深孩子对故事的印象，帮助他们理解叙述逻辑。 三、回顾与思考是交错的过程。让孩子尝试表达自己感受、想法或参与回顾故事。 四、运用五感，搭配故事内容，交互设计，延伸活动便能包罗万象。

第九章 「悦读」游戏策略

让亲子共读变好玩

「悦读」游戏设计

亲子共读技巧

让亲子共读变好玩

这一章引导你经营亲子共读，教给你更实际的设计方法与阅读技巧。前几章已谈过一些共读的方法。现在，我参考陈欣希的《0 ~ 6 岁亲子悦读地图》将共读的方法系统地介绍给你，让你操作起来更得心应手。这里的共读设计有别于“念故事三部曲”，却又可以与之整合，一起进行。

我很享受为小菩提朗读故事的时光，他也很享受我给他讲故事时的感觉。我和妻子喜欢用故事喂养孩子，孩子是上天给予的礼物，故事是滋养孩子成长的甘露。我几乎是随时随地为小菩提讲故事，为他朗读图画书，而且我每天晚上一定要跟他共读，一起阅读图画书。“床头讲故事”可以说是我和小菩提睡觉前的仪式，一本、两本、三本……讲着讲着，小菩提慢慢睡着。

我认为亲子阅读可经营成“悦读”游戏，如果阅读活动变得丰富多彩，孩子会更爱阅读。游戏是孩子的最爱，若是让阅读过程变得很好玩，让讲故事、朗读图画书有玩游戏的感觉，这样的亲子阅读，孩子肯定很喜欢。在这里，我将提供实用的阅读操作，引用《0 ~ 6 岁亲子悦读地图》中的理论，再融入“说演式”的做法，以满足你亲子共读的需求。

图画书朗读的方法多样，这些方法依你与孩子的需要来选择。例如，我为小菩提朗读图画书时，我们常常坐在地板上，我环抱着他，让他坐在我的腿上。我打开布莱恩·威尔史密斯改编的《不来梅的音乐家》朗读故事，五岁的他听我念。我与他是以“读”“玩”“说”“找”“演”的方式进行共读的。这样的朗读，结合了“照本宣科”“添油加醋”，还有“说演式”的方法。亲子共读技巧整合了。

《不来梅的音乐家》适合 4 ~ 8 岁的孩子阅读，是一则童话故事，充满幽默、想象，也很励志。

故事梗概：

驴子为农夫干了一辈子活，年纪大了，农夫打算卖掉他。驴子决定离开，他觉得自己嗓子不错，计划去不来梅镇当音乐家。在路上，他遇到了狗、猫和公鸡，他们的年纪大了，被主人嫌弃。

驴子邀请他们组一支乐队。路途中，他们发现了强盗。驴子、猫、狗、公鸡破窗而入，发出惊人的叫声，把强盗吓跑了。强盗跑回来想探个究竟，结果他们用计谋教训了强盗。

这是《格林童话》中的一则故事，非常受孩子的欢迎。这本书的绘画充满活力，色彩鲜艳，绘者将对童话的想象，用生动的画笔表现出来。

为小菩提朗读时，我第一遍采用了“照本宣科”的方式将故事完整念完，以便他对故事有所了解。好的图画书总是吸引孩子，多读几遍不嫌多。《不来梅的音乐家》后面的情节紧张刺激，小菩提一直咯咯咯地笑。

《不来梅的音乐家》封面

《不来梅的音乐家》内页

第二遍朗读，我以“添油加醋”的方式，带小菩提进入“一起读”的阶段。我开始“演奏”图画书内容，例如，我加了一段对话：

> 农夫插着腰，说：“你这只驴子老了，不中用了，拉不了车，拽不了磨，要你何用！明天，我把你卖给屠夫。”
>
> 驴子哀伤地说：“主人！不要把我卖了！”
>
> 驴子苦苦哀求。
>
> 农夫狠心摇摇头。

这是图画书里没有的内容。我通过角色扮演，将它加了进去。因为是“一起读”的阶段，有些内容我刻意让小菩提跟我一起念出来。“走了一整天，四位好朋友还没走到不来梅。天黑了，他们来到一片森林，打算在那儿睡一晚。”“他们走累了。”我朗读这一句话时语气中带一点疲倦，小菩提模仿我的口吻。

然后，到了“一起玩”的阶段。这本图画书里描述了很多声音。我问：“哪些动物发出了声音？”小菩提回答：“驴子、狗、猫、公鸡。”

我们扮演动物，模仿他们的叫声。

驴子叫声：“昂！昂！昂！”

狗叫声：“汪！汪！汪！”

猫叫声：“喵！喵！喵！”

公鸡叫：“喔！喔！喔！”

故事讲到他们大呼小叫吓走强盗时，我和小菩提就模仿他们的叫声：昂昂昂！汪汪汪！喵喵喵！喔喔喔！我们玩得很愉快。

阅读进行到“一起说”阶段时，我问：“小菩提啊！这个故事你最喜欢哪一段呢？”他说：“我最喜欢强盗被他们教训那里！”

我翻到那一页，请他说说内容。小菩提看不懂文字，他回忆我的朗读，依稀还记得情节，他开始用自己的话，看着图画书的画面，试图猜测文字在讲什么。他说：“强盗跑回来看看，屋子很黑，他不小心踩到猫，狗咬他一口，驴子踢他一脚，公鸡飞到他头上。

强盗被吓到了，跑回去跟同伴说，遇到了大怪兽……”小菩提看图讲故事。把内容大致讲了出来。虽然他所说的没有完全符合书中的情节，但也讲得十分接近。我鼓励他说：“故事讲得真好。”

朗读图画书的过程中，我会带他“一起找”。布莱恩很有趣，在画《不来梅的音乐家》的时候，在每一页都会画上蝴蝶或蛾。我和小菩提开始找起蝴蝶和蛾。

我说：“有没有发现蝴蝶或蛾啊？”

他指给我看。我又说：“哪一页的蝴蝶最多？”他马上翻出来，还数了数：“一、二、三、四、五、六、七、八。这里有八只。”

“你有没有注意，还有一种动物一直出现？”

小菩提早就注意了。他大声说：“猫头鹰！”

我们又开始一起找。画家在创作图画书的时候，总是煞费心思安排元素，让画面丰富。

图画书就像一个小剧场，“说演式”的朗读就是导入“演”的概念。我和小菩提开始“一起演”。我的做法是结合“说演式”的朗读。我讲到一小段情节时，会让他想象一下，这情节需要什么样的情绪、表情或者扮演，然后演出来。

例如，“四个好朋友得意地笑出了声，然后，埋头吃起了桌上美味的食物。”我说：“美味的食物。我埋头大口吃。”他和我就演起吃东西的样子，还要吃得很快乐，吃完抹一抹嘴。我们还加入了对话。

我学驴子说话：“这奶茶真香！咕噜！咕噜！喝完了！”

“这块蛋糕好好吃。”他学狗讲话，“吃饱了！困了，想睡了。”

记录我讲《不来梅的音乐家》的过程，从第一遍“照本宣科”地朗读，到第二遍“添油加醋”地朗读，带进“读”“玩”“说”“找”“演”的“悦读”地图，也将“说演式”的朗读方法融合在讲故事之中。《不来梅的音乐家》这本图画书可以说让我们的“悦读”很全面。我要强调“读”“玩”“说”“找”“演”可以相互穿插进行，不一定非照这次序。阅读得愉快最重要。

这“悦读”图画书的过程都是经过设计的。你也可以依照自己的方式做。同样是《不来梅的音乐家》，你的方法可能就跟我不同。这都是有脉络可循的，只要在设计上掌握要领，你就是最会运用图画书进行亲子共读的高手。

“悦读”游戏设计

阅读教学似乎在小学阶段备受重视，近来在学龄前阶段也开始受到注意，好像又以幼儿园阶段为主。阅读的初始年龄甚至提前到零岁，这俨然成了新手爸妈的新认识。胎教也是阅读，可见阅读年龄层可以降得很低。

阅读是一种能力的养成，孩子拥有阅读能力，通过阅读能获得探知事物的乐趣、生活所需的知识、深入思考的能力、发表多元观点的能力等。处于幼儿期的孩子，自主阅读的能力需要训练，他需要一个引导者。照顾者是“社会参照”，换个简单说法，孩子正受到大人的影响。所以，只要对孩子有所影响的大人都是老师。因此，0 ~ 6 岁的孩子身边的照顾者都是老师，老师正带领孩子学习一切事物，包括阅读。理所当然，孩子最早的老师就是父母。

想让 0 ~ 6 岁的孩子爱上阅读，首先你要爱上阅读。你的阅读行为正在影响孩子。大人只是爱阅读还是不足的。阅读是学习而来的能力，如果你懂得如何陪伴孩子，那就再好不过了。你是阅读引导人，就得学习怎么引导孩子阅读。在这里我以图画书为例讲述共读技巧。图画书可以说是特别为幼儿设计的好书。除纯粹是图画的图画书，图画书由两大素材构成：文字和图画。它们都在讲一个故事。文字的功能在于支持图画里的故事，图画才是故事的主轴。善用图像开启多元的阅读层次，图画书的阅读才会有感觉。

许多大人并非不想跟孩子一起阅读，只是不知道怎么做。翻开图画书，就只是照着文字念出来。虽然我也一直强调这种朗读的方式，谈到这里，如果能将一本图画书的功能发挥到极致，那也就将幼儿阅读带到另一种境界。在这里要谈的就是“悦读地图”的“读”“玩”“说”“找”“演”，即系统的共读技巧。

按照《0 ~ 6 岁亲子悦读地图》的观点，亲子共读分别为三个阶段的孩子设计不同的“悦读地图”。刚好从零岁开始，六岁完成。幼儿阅读分级有其必要性，在孩子发展的不同阶段，要选择合适的书。“悦读”三阶段也会针对幼儿特性做不同的共读引导。三阶段“悦读地图”根据孩子年龄进行阅读分级，选出适读的图画书，设计游戏的概念。0 ~ 2 岁：“读”“玩”；2 ~ 4 岁：“读”“玩”“说”；4 ~ 6 岁：“读”“玩”“说”“找”。我在研究说演故事时发现，如果我们对孩子加以引导，孩子也是非常喜爱“演”的。我将“演”置入 4 ~ 6 岁（“读”“玩”“说”“找”“演”）图画书共读系统之中，让这“悦读”更丰富。图画书共读系统进入“悦读”游戏，在亲子互动中，可以带给孩子什么能力呢？

项目	能力	说明
读	图文理解力	通过大人的声音，让小孩能联结声音、图像而理解内容。
玩	赏析应用力	结合孩子的经验来改编图画书的内容，让书融入生活之中。
说	分享表达力	鼓励孩子表达个人观点，并通过讲故事与他人分享。
找	独自娱乐力	培养孩子主动找书，鼓励孩子说出自己想进一步阅读的书的类型。阅读时，能寻找图画书中的线索。
演	肢体感觉力	借由“演”启动孩子做肢体动作、表情、表达情绪与说话的能力。“感觉统合”的开发。

朗读图画书，进入引导层次时，我与小菩提就常以“玩”的方式，让图画书的故事变得很有趣。与孩子的阅读活动在设计上，依照孩子的需求，也有难易之分。在我提供的方法中，你可以随着孩子的感受，调整活动的难易度。所以，若你已掌握“读”“玩”“说”“找”“演”，在实际操作的时候，就可以自行调整。在这里提供《0 ~ 6 岁亲子悦读地图》对于活动难易度的排序。1 分是最容易，7 分是最难。你是阅读引导人，按自己的设计来做就对了。

这个表格提供一些可供选择的方法，你在预读之后，可以按孩子需求，做阅读活动。你是一个阅读引导人，或许也有自己的方法，这些方法都可以多元交叉运用。“演奏”一本图画书是基础，掌握好这个基础，不管怎么变化，你都能与孩子展开良好的阅读互动。

难易分数	读	玩	
1分	大人朗读全文。	大人将故事主角换成孩子的名字。朗读故事并演出相关动作。	
2分	大人朗读全文。读到特定图案,鼓励孩子指出来。	大人将故事中的人、事、物,替换成孩子的生活经验。或大人朗读故事,孩子做出与故事情节相符的动作和配音。	
3分	大人朗读全文。孩子在一旁读出语气词与拟声词。	大人和孩子合作演出故事内容。	
4分	大人朗读全文。孩子负责重复语句的内容。	孩子描述生活经验中的人、事、物。	
5分	大人朗读部分文章,孩子读出重要词语和语句。	在游戏中说出故事的主要句子。	
6分	大人朗读部分文章,鼓励孩子观察图像,并加以描述。	应用于生活中。	
7分	大人朗读部分文章,孩子读出完整句子。	补充作者未讲出的故事。	

	说	找	演
	能说出喜欢哪个角色。	大人准备数本书，并描述某一本书的封面，让孩子找出该书，大人陪读。	对书中人、物与现象的拟声扮演。
	能说出某一角色发生了什么事情。	大人描述封面，孩子找出这本图画书，大人陪读。	模仿书中某个角色的情绪、声音。
	能说出这一页故事梗概，并能看图讲故事。	大人说出书名，孩子找书，大人陪读。	模仿书中某个角色的情绪、声音、动作。
	能说出几页故事梗概，并能连着几页看图讲故事。	孩子自行找书，听录音带看书。	模仿书中某个角色的情绪、声音、动作，加入角色对话。
	能说出故事全文。	孩子自行找书，自己看书。	针对图画书其中一页，将情节演出来。
	讲故事给他人听。	孩子自行找书，自己看书。	将图画书连续几页的情节演出来。
	改编故事。	鼓励孩子思索自行阅读的书籍，并协助找出该书。	鼓励孩子一起完成一出绘本剧。延伸演出偶剧、手指剧、纸上剧等。

（参考陈欣希《0 ~ 6 岁亲子悦读地图》，台湾麦克股份有限公司，2015，第 17 页）

亲子共读技巧

一、与 0 ~ 2 岁孩子共读的技巧

孩子的学习能力从一出生就开始增长，他不断探索这个世界，对这个世界充满好奇，自然涌出一种想要学习的本能。小菩提刚出生，护士抱出产房让我看一看时，我轻呼他的乳名，他便好奇地追寻声音来源,他知道有人在叫他。抱他回家之后,我张大眼睛，吐吐舌头，弹弹手指，嘴里发出声音，叫他名字，企图引起小菩提的注意。他注意到了，好奇地望着我，甚至试图做同样的动作，然后，他笑了。

你对婴儿做这些动作时，他会有所反应，表示他注意到了你的动作。孩子知道大人的动作对应自己身体哪一部分，能掌控身体,吐吐舌头或发出声音,这些响应都代表学习的开始。“读”“玩”是这时期带领孩子阅读的方式。

（一）成长特性

从婴儿到学步儿，孩子发展迅速，可以分成好几个阶段：

0 ~ 6 个月大的孩子会追踪声音来源，能响应环境周遭讯息，能将先后出现的事件联结，即使两件事不见得有关联。

7 ~ 12 个月大的孩子，能预测接下来发生的事情，愿意投入活动，努力与他人沟通，能借由声音、手势、动作与他人互动。

13 ~ 24 个月大的孩子，遵循常见的指令，试图说出精简的口语表达需求与想法，乐意与身边人互动。

闽南谚语：“七坐八爬九发牙。”意指孩子七个月大时，能坐起来；八个月大时，会在地上爬；九个月大时，已经长牙齿。小

《骨碌骨碌》封面及内页

菩提八个月大的时候，我开始引导他爬行。我将木质地板擦得很干净，借由声音、手势引导他，他也发出咿咿呀呀的声音响应，挥动握着拳头的双手表示欢喜，向我爬过来。他在跟我互动。我在地板上放了许多很厚的认知类的图画书。我拿起书指着图就为他朗读。这是很容易的事情，只需要抽出时间陪伴。

（二）适读图画书的特点

这时期为孩子选读的图画书，以简单的文字搭配简单的图画为主，用作启蒙认知。孩子的生活与经验此时开始建构，你要选择认知性的图画书，图文简单却有趣，熟悉且贴近经验、重复可以预测，他们热爱这种书。选择共读的图画书有几个方向：生活作息（《喵呜和木勺子》）、语言能力（《骨碌骨碌》）、亲情（《宝贝，快到我的怀里来》）、游戏（《发生了什么事》）、认知（《小羊睡不着》）。

在0～2岁孩子阅读的内容中，有一个重点，就是重复的节奏，也就是让孩子感受到语言的韵律与节奏。“读”“玩”是共读的技巧。这时期的孩子需要你在朗读内容时，用手指着图。孩子的注意力很容易分散，你可以试着继续朗读，倘若无法带回注意力，那就暂停阅读，绝对不强求。有时，孩子对阅读没有兴趣，也有

《小羊睡不着》封面及内页

可能是书的内容太简单或太困难，你需要做调整。

（三）共读设计与实际范例

巩孺萍书写，叁幻堂绘画的《发生了什么事》，适合与 0 ~ 2 岁的孩子阅读。这本图画书有很多重复的设问，这种设置产生明确的节奏，情节就在提问中发展。这本书似乎没什么故事性，但是连续的图像有情节，图像在讲故事。每个动物的表情都显得有什么事情要发生似的。

图像的情节性强烈，文字反而是为补充图像的不足而存在。《发生了什么事》的语言非常简单。都是以“发生了什么事？”作为提问，唤醒正在睡觉的动物，在设计上，前一页都是在睡觉的动物，后一页他们都醒了，且每一只动物都抬头往上看，显得很惊讶。到底发生了什么事呢？

这本书先设置悬念，最后才揭示答案，给读者惊奇之感。

青蛙、刺猬、蛇、乌龟、熊都被叫醒，因为发生了一件事，发生了什么事情呢？“春天”来了。

故事非常简单，重复的“发生了什么事？”一直在调动孩子的兴趣，让孩子想要知道答案。图中都是冬眠的动物，巧妙地带领孩子认识这些动物，将科普知识融入其中。画面环境使用绿色，暗示春天的到来。冬眠的青蛙、刺猬、蛇、乌龟、熊是该起来了。

读

第一遍"照本宣科"地朗读，指着图像念给孩子听。文字简洁，变化不多，但图会说话，青蛙、刺猬、蛇、乌龟、熊的表情都有暗示，让孩子自己体会。没有体会也没关系。

第二遍"添油加醋"地朗读，可以加入伸懒腰、打哈欠、揉眼睛的动作与声音。例如，你先用一个轻柔的声音叫着熊："熊，快醒醒！"再扮演熊伸懒腰、打哈欠、揉眼睛，懒懒地说："发生了什么事？"

玩

这一遍朗读要同时结合着"玩"。你在朗读的时候，可以"添油加醋"，除了书中的青蛙、刺猬、蛇、乌龟、熊等动物，不妨加一个角色进来，而这个角色就是你的孩子。在你的引导下，让孩子接下一句台词。例如，"小菩提，快醒醒！"我说。"发生了什么事？"小菩提说。

二、与 2 ~ 4 岁孩子共读的技巧

孩子进入幼儿期，会借由"玩"的方式来探索世界，并不断获取经验，他们似乎没有害怕的事情，他们玩的时候可能打翻水杯，弄倒花瓶。两岁的孩子正处于身心发展的重要分水岭上。之后，

《逃家小兔》封面及内页

他们会对日常生活经验、宠物、有趣的事物、家庭及周遭人物渐渐表现出极高的兴趣。

我指着图画书跟小菩提说：“小兔子！”于是他认识兔子了，当看到邻居养的兔子时，便发生经验联结，他显得很开心。我给他买了一只小黑兔，他一直玩到 7 岁还爱不释手。我朗读《逃家小兔》给他听时，他赶紧从玩具箱里找出小黑兔。他常常主动从书柜中拿出《逃家小兔》要他妈妈或我念。

这时期的孩子表达能力提升，也渐渐有了参与权和决定权，已能明显表现出主动探索的阅读能力。所以，我们使用共读技巧时，就要导向“读”“玩”“说”。

（一）成长特性

孩子的肢体语言在这个时期显得丰富，会搭配简单的口语，期待与你沟通。他们摇摇手、摆摆头，多样的表情，显得特别可爱。这些动作都是富含意义的，你和孩子要了解彼此的意图。3 ~ 4 岁的孩子开始主动参与两人以上的团体互动，这是很大的进步。他们开始理解生活环境中常见符号的意义。我带小菩提逛街的时候，只要路上出现大大的 M，他就知道那是什么。这是街上常见的符号，不得不承认麦当劳威力的强大。

《好想吃榴莲》封面及内页

每当夜晚来临，他要上床睡觉的时候，我会在床头为他朗读故事，我说："今天要读《我是霸王龙》。你自己去找。你也可以选一本自己想听的故事。" 3 岁的他在书柜中找出《我是霸王龙》，还为自己找了一本《好想吃榴莲》，这本书我已经为他念了好几遍。他已经能清楚表达："我要读这本书。"然后，他躺好等着我念。

孩子的语言虽然简单，但他们能跟大人一问一答。3 ~ 4 岁的孩子甚至能延续话题，分享在生活中观察到的经验，讲出简单的故事。每次朗读完《好想吃榴莲》之后，他一定会捏鼻子做出厌恶榴莲的样子，因为他结合经验，想到自己曾尝过榴莲的滋味，他不喜欢那味道，妙的是他却喜欢这本书。这时期的孩子借由阅读图画书，已经可以投入对细节的观察，这可是一种突破。当他遇见喜欢的图画书时，可是朗读千遍也不厌倦哟！

（二）适读图画书的特点

幼儿阅读，有一个议题是不变的，那就是"贴近生活，形成经验，重复可以预测"。2 ~ 4 岁的孩子已经会跟他人互动，而跟家人在一起的成长过程仍是他们的生活重心。所以，"朋友"和"家与家人"的概念依然是选择图画书的方向。为这个时期的孩

《候鸟》封面

《怎样做最棒的狗》封面

《有麻烦了！》封面

子选择图画书时，可以选择内容丰富，并且语言也稍具深度的，如生活作息（《安安的布娃娃》）、语言能力（《候鸟》）、亲情（《妈妈，给我讲个故事吧！》）、游戏（《那一天，我失去了超能力》）等，可持续作为阅读主题，还可加入朋友（《狼饿的时候》）、家与家人（《有麻烦了！》）等主题。

图画书内容的重复性是不变的原则，适度的连锁反应（《动物园》）或循环（《怎样做最棒的狗》）也是不错的特点。连锁反应，就是“A牵动B，B牵动C，C牵动D，D又牵动A”的情节模式。孩子已经比较大了，共读活动可以加入“说”，所以是“读”“玩”“说”。这时的共读着重在培养孩子的图文理解能力、赏析应用能力与分享表达能力。

这时期的朗读，加入了“说”的活动，从原本“大人说，孩子听”，引导过渡到“大人、孩子一起说”或“大人引导、孩子说”。你朗读的时候，用手指头指着图、文字。这时，你可以鼓励孩子用手指头指图、文字。所谓“引导”，就是让他说说内容，说出情节中的重复句。

（三）共读设计与实际范例

看到《那一天，我失去了超能力》这个书名的时候，我忍不

《那一天，我失去了超能力》封面及内页

住会心一笑。孩子无穷的想象力，正在他的超能力中展现。米夏埃尔的文字十分简洁、浅显，克里斯的图画如孩子涂鸦般满是童趣。书中的孩子想象自己拥有超能力，超能力似乎真的发生，生活也就充满神奇。

《那一天，我失去了超能力》在设计上，文字叙述小女孩拥有超能力，图像却呈现真相。读者必须图文相辅相成地阅读，才能读出图文之间的妙趣。

爱玩的孩子想象力总是特别丰富，小女孩发现自己会飞（爸爸的双手把她抛得高高），她能让桌上的杯子蛋糕消失（趁人不注意时吃掉），她会隐身术（躲在床底下），能命令别的东西不许动（对着盆栽喊），不用手就能拿起东西（用钓钩钓起来），等等。她还担心爸爸妈妈知道她有超能力怎么办。直到她在花园里摔了一跤，失去了超能力。妈妈一个吻，她便不疼了，她认为妈妈也有超能力。

这个故事很生活化，读来温馨，却让人哭笑不得。小女孩其实是个淘气包，蹦蹦跳跳顽皮得不得了，这一切都是在证明自己有超能力。书中的亮点是妈妈的吻，有画龙点睛的效果，它让“爱”渗透出来。最后，“妈妈也有超能力”是书中童趣的高潮。这是一个温暖的故事。

读

第一遍朗读以“照本宣科”方式“演奏”《那一天，我失去了超能力》。你在朗读故事时，应鼓励孩子观察图像，并加以描述。别忘记，用手指着书中那调皮爱玩的小女孩。文字在讲故事，图像在讲故事，孩子会懂故事的妙趣。第二遍说演，你在“添油加醋”时，可以按自己的方式，更戏剧化地把《那一天，我失去了超能力》说演出来。这是一本玩“假装”游戏的图画书。故事最后，“妈妈来了，给了我一个吻”。你应该给孩子一个拥抱，还有一个吻。

玩

第二遍说演时，你可以与孩子互动。你将文字念出来，孩子将图的“真实情形”讲出来。你应对这本图画书进行设计，它有许多可以玩的地方。例如，你朗读：“我发现我可以飞的那一天，我意识到我与其他孩子不同。”孩子指着图回答：“其实是爸爸把她抱起来，丢高高。”

你要引导孩子读图，说出图像所讲的故事。几乎不需要示范，他就能看图讲故事。设计一个涂鸦地图，将女孩玩了什么游戏找出来，涂涂画画，画出女孩的“超能力”。建议你带着孩子做一张书卡。

说

第一遍朗读，第二遍说演。你说完了，换孩子说。所以，引导孩子读图，就是训练他的想象力与说话能力。延伸“玩”的概念，将真实情形讲出来。你可以引导孩子多练习几遍，然后讲给另一个人听。爷爷、奶奶很乐意听孙子讲故事。别忘记设计简单问题，别认为简单问题没深度。在《那一天，我失去了超能力》中我就发现一个很棒的问题：为什么妈妈给小女孩一个吻之后，她马上感觉好多了？这没有标准答案，无论孩子怎么回答，你都可以肯定他，还要跟他讨论。

三、与 4 ~ 6 岁孩子共读的技巧

4 ~ 6 岁的孩子已是幼儿园的学生了，他们接触了更多的人、事、物，互动机会也增多，生活圈扩大，经验也日渐丰富，具备一定的表达能力和理解能力。你若引导得当，孩子就更渴望阅读。“基本能力”加上“丰富经验”，你与孩子共读的方式就可以有更多的选择。在共读技巧上，导向“读”“玩”“说”“找”“演”，让阅读活动变得多元。

我带小菩提玩起“演”来。《咕叽咕叽》里的鸭子、鳄鱼鸭和坏鳄鱼，我“照本宣科”完成第一遍朗读之后，第二遍就开始“添油加醋”引导他扮演“鳄鱼鸭”，发出咕叽咕叽的声音。他演鳄鱼鸭丢石头到坏鳄鱼嘴里的动作。我扮演坏鳄鱼牙齿掉光光的窘样。我们玩得很开心。他知道怎么扮演，调动他“演”的玩兴后，这场阅读活动非常精彩。

《咕叽咕叽》封面及内页

（一）成长特性

孩子已是成熟的幼儿，关键学习期的学习大致已获有所收获，有能力诠释你给予的话语、表情、肢体所传递的讯息。你若有进一步意图，他大概也能意会。你看着他手上的饼干，说：“这看起来好好吃。”他会认为你也想吃饼干。这种理解意图对幼儿而言是学习上的跃进。

孩子对符号产生兴趣后，会好奇，想要探索、满足心中的求知欲，会试图去理解符号的意思。所以，当他知道文字是有意义的符号后，会想要知道意思，会想着去辨识。孩子有时似乎是认识文字的，其实他只是熟悉这符号的概念与发音。因想要识字的冲动而激起学习的兴趣是带领孩子阅读的意外收获。

这个阶段的孩子与人说话、对答时语言流畅，能将对生活的观察与得到的经验讲出来。他能找话题与人家聊天，也能针对内容提出自己的看法。他阅读时，已经能看出图的细节，甚至能说出两幅图之间的关系，能复述故事，表达出自己的观点或理由。

（二）适读图画书的特点

适合这个阶段孩子读的书故事情节越来越丰富。虽然孩子仍喜欢把书中的故事与生活经验结合，并且仍喜欢具有重复性的内

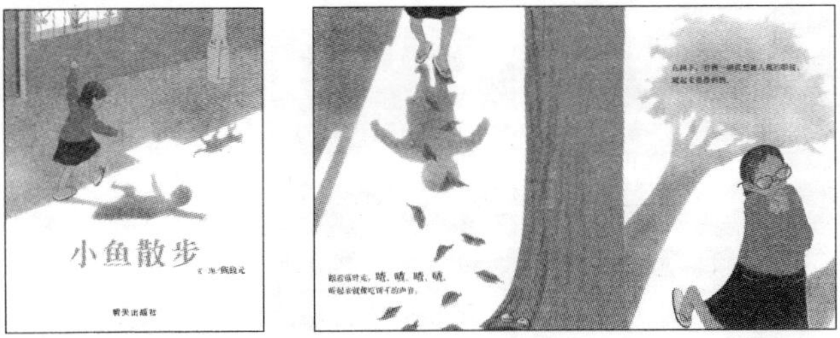

《小鱼散步》封面及内页

容，但自主性越来越高。你在亲子共读之后，甚至可以放手让孩子独立阅读。生活中，你应该鼓励孩子尝试找方法解决问题，学着在生活之中运用积累的阅读经验。阅读主题仍可分为生活作息（《小鱼散步》）、语言能力（《不可以！》）、亲情（《爸爸》）、游戏（《变色龙不变色》）、朋友（《湖畔的守护者》）、家与家人（《奶奶的帽子》）等，此外，还有关于自己解决问题（《骑着恐龙去上学》）的主题。

为这个阶段的孩子选书，要选情节丰富的书以激发他的兴趣。试着在情节上做段落的调整，也就是把图画书在“事件”或“场景”上相似的内容，调整成一个大段落，并且明确“转折”可以分出的场次。在重整情节段落时，可以引导孩子了解故事的“并列关系”“顺序关系”“因果关系”，促进孩子明了故事结构。第一遍朗读，“照本宣科”逐字朗读给孩子听时，你也可先讲故事轮廓，再朗读。讲故事轮廓时，调整的段落就是故事的场次。朗读时，你正进行一场“演奏”，别忘了适时暂停让孩子观察图片。毕竟，图画书是以图为主的。第二遍朗读时，你就要导向“演”，让阅读氛围变得活跃。你可以鼓励孩子表现相关情绪，演出动作。

4 ~ 6 岁的孩子喜欢分享与讨论，不要忘记提问策略，提问

《湖畔的守护者》封面　　《奶奶的帽子》封面

引导孩子思考。一场小型家庭读书会正是运用这种方式进行的。你在问问题的时候，也要有技巧，不要在零碎细节上打转。

一个简单要领是，思考你的提问能否触发孩子对书有更深一层的体会。你或许会问，到底怎么设计问题？最简单的方法就是提取讯息，也就是在情节中找出明确的信息，这包含找出与特定目标有关的信息，如故事发生的场景、情节中的陈述句子或主要观点。你可以依照孩子的理解能力，做有效的提问。

（三）共读设计与实际范例

当翻开图画书作家土田义晴的《爸爸》时，有一种美丽与哀愁从心中涌出。手绢是全文的意象，是亲情的联系点，故事以第一人称从小女孩的视角看整个故事的发展，作者散文笔调的书写方式让故事读来清新优美。

在情节铺垫的过程中，看似平常的爸爸骑车带着女孩去公园赏樱，去田野摘三叶草，去黑森山捡橡子，然后手绢遗失……手绢牵动的是对妈妈的怀念。情感随着故事发展缓缓释放，孩子读到这里都不说话了，孩子的心里泛起的就是美丽与哀愁。因为这本《爸爸》，孩子的心灵与你产生共鸣，感受着离别与怀念。

故事梗概：

女孩坐着爸爸的自行车和爸爸一起出门了。春天，他们来到公园捡樱花，女孩用手绢包好樱花，然后把樱花放进小河里；夏天，他们来到田野摘三叶草，女孩用手绢包好三叶草，然后把三叶草撒进小河里；秋天，他们来到黑森山，女孩用手绢包好橡子，可是，手绢搞丢了。那是妈妈为女孩缝制的。爸爸又为她缝了一条新手绢。爸爸骑车带她出门，穿过一条隧道，穿出隧道是一片大海。妈妈住在海边，那是一座坟，女孩拿新手绢给妈妈看，爸爸种的波斯菊把喜欢花的妈妈紧紧围住。女孩不再哭了。因为她一哭，爸爸就更加伤心了。而她，最最最喜欢爸爸了。

亲情的交流是阅读这本图画书的重点，同时也隐隐流露出生命教育的意涵。孩子的情感最真挚，引导孩子思考面对真挚亲人离开时的心理承受能力。离别是教育，怀念是成长。

读

《爸爸》封面

第一遍“照本宣科”朗读时，你应安静地“演奏”《爸爸》。《爸爸》这本书的文字非常优美，你指着文字，让孩子跟着你的声音体会故事，在需要翻页的地方，让他负责翻。第二遍朗读，你可以让孩子

《爸爸》内页

重复书中的语句。例如，“一眨眼，手绢里就包满了粉红色的花瓣。我闻到了一股春天的味道。”

这是一本让人沉静的图画书，在“添油加醋”时，应带孩子一起感受语言之美与隐藏在故事背后的哀伤。

玩

朗读完《爸爸》这本图画书后，你可以运用“念故事三部曲”的策略，进行故事的延伸。请你暂时放下图画书，跟孩子讲一段关于生命教育的故事，可以是亲身经历，也可以是身边的人的经验。死亡会带来哀伤却是自然法则。学习祷告是与自己内心的对话，与宗教无关。祈求自己与所爱的人平安、健康。教孩子祷告，也跟孩子一起祷告。

说

请孩子将《爸爸》翻到最感动或最感兴趣的一页，试着用自己的话说说看。你要鼓励他，让他能掌握情节大致说出内容。提问策略这时可以运用,在书中找出明确的信息提问孩子。如在“念故事三部曲”策略中提到的，从阅读封面开始，你就可以指着图，通过提问引导孩子。

大人提问	参考答案
(封面)爸爸骑着自行车,他们要去哪里呢?	海边。
故事中女孩的手绢对她有什么意义?	妈妈送给她的。
女孩手绢遗失了,爸爸为她做什么?	为她再缝制一条。
“妈妈就住在海边”,但图画里妈妈是在哪里? 为什么?	坟墓里。因为妈妈去世了。

找

找一些与生命教育主题相关的图画书,例如《祝你生日快乐》《外公》《爷爷有没有穿西装? 》等。你可以描述封面,让孩子去找。这些都是与生命教育相关的图画书，可以与《爸爸》这本书一起阅读，做延伸活动。

读《爸爸》这本书时，你可以预先将声音录制下来，让孩子自行看书，自行听故事。在看图的过程中，你可以跟孩子一起找

《祝你生日快乐》封面

《外公》封面

一找，父女两人去过哪些地方。思考一下，然后试着讨论。

演

《爸爸》里有一段讲到女孩的手绢遗失了，那是妈妈留给她的重要的纪念品。你可以引导孩子思考当重要的东西遗失时，焦虑会让人有怎样的表现。尝试念着内容，然后表现出来。

“半路上，我最喜欢的绣着小花的手绢和橡子都丢了。我哭了起来。爸爸回去帮我找,但没有找到。爸爸给我买了饼干。但是，我哭得更厉害了。”

你也可以将这一段编成一个小剧本，通过对话把情节演出来。

女孩：“爸爸！我的手绢不见了！”

爸爸：“什么？”

女孩：“我的手绢不见了！”

爸爸：“再找找看！”

女孩：“找过了！真的不见了！呜——呜——呜——那是妈妈给我的，我最心爱的手绢。”

爸爸："可能掉在路上。我们回去找找。"

女孩（点点头）："好！呜——呜——呜——"

爸爸（摸着孩子的头）："走吧！我们再找找。"

第十章 图卡小剧场——纸芝居

必备的故事道具与技巧

午后，一场纸芝居演出

认识图卡小剧场——纸芝居

讲故事是一种送礼的行为

纸芝居是值得推广的故事表演

你也可以是『纸戏人』

必备的故事道具与技巧

2010年10月24日,台湾某报刊登了一则关于纸芝居的新闻,标题是“纸芝居儿童剧,让故事动起来”。这篇新闻由记者赵瑜婷撰写。

纸芝居儿童剧团团员梁雅雯,正在抽换图卡讲故事,她说的正是大家熟悉的《拔萝卜》。她讲到爷爷请奶奶、小猫、小狗帮忙,大家都拔不动巨大萝卜时,询问台下的孩子:“小朋友,你们可以帮忙拔萝卜吗?”孩子们都踊跃举手想帮忙,更是一个个地跑上台抓紧她。随着“一、二、三……一、二、三……”的加油声,大家使劲往后拉。

“哇,我们成功了!”梁雅雯和小朋友们从纸芝居木箱中拉出了一根纸做的立体红萝卜。此时,许多孩子当场都愣住了,脸上带着惊奇和疑惑,他们原本以为只是看图片、听故事,没想到会真的拔出一根萝卜。

纸芝居不仅用静态图卡讲故事,它更像戏剧表演,甚至能邀请观众参与互动。梁雅雯曾用纸芝居讲《爱画画的小彦》这个故事。故事中,小彦吃饭、上课、洗澡时都在画画,而且只画黑色图形。这让他的妈妈很担心,妈妈为此还带他去看医生。梁雅雯将小彦画的黑色图形做成黑色图卡,并请台下的孩子保管,然后请大家一起合作,拼出了一只大鲸鱼,这时大家才知道了小彦的秘密。她观察到负责拿图卡的孩子,责任感对他们来说很重要,如果其他人想借来看，他们都还拼命摇头不准……

通过如上概述，你可以发现有几个关键句子描绘了纸芝居的轮廓。纸芝居是一个木箱子，画好的图卡置放在里面。你是一个讲故事的人，当你讲故事的时候，可以将木箱子的门打开，依照图卡上的内容讲述故事，讲完这一张图卡的内容之后将其抽出来，按顺序插回木箱里其他图卡的后面。你要讲的故事分别画在数张图卡上，当图卡抽换完的时候，故事也就讲完了。我把纸芝居称作图卡小剧场，因为“纸芝居”这名称一般人听不懂，“图卡小剧场”这个词却能让人一听就知道它的样子——抽拉图卡讲故事。这就像戏剧表演，如同用偶演戏的舞台。“纸芝居”这名称源自日本，在日语里，“芝居”是戏剧的意思，“纸”就是图卡的意思。延伸它的译名概念，将其称作“图卡小剧场”是为了方便人们理解。

午后，一场纸芝居演出

我从资深图画书作家曹俊彦那里第一次听到纸芝居的说法。那时我跟他聊天，他很幽默，常用双关语逗我发笑。“纸芝居你知道吗？”他一说，我一脸疑惑：“什么？”这个名词我连听都听不懂，我怎么会知道那是什么东西。精神奕奕、头发花白的曹俊彦开始回忆他的童年时光。那个年代相当遥远，在日本占领台湾末期，时值曹俊彦正在幼儿园念书，他说，学校的老师会用纸芝居讲故事给他们听。日本人战败撤走后，幼儿园老师还是会利用纸芝居讲故事。每次吃完点心之后，老师就把木箱子拿出来，小朋友们会赶紧坐好，看着老师把故事之门打开，认真聆听老师讲故事。图卡每抽换一张就会换来一阵惊喜，然后故事继续讲演下去。老师把故事讲得非常生动，一次又一次给他留下深刻的印象。现在他除了创作图画书，也喜欢利用纸芝居讲故事，创作故事图卡。我问："纸芝居的演出不是跟图画书差不多？"他回答："有相似之处吧！纸芝居有演出的概念。木箱子就是一个剧场。"

之后，纸芝居便引起了我极大的兴趣。在日本，很多学者、专家把它运用到故事现场，受到了孩子极大的喜爱，我想我也可以尝试将它作为我呈现故事的一个方式。后来，我便尝试制作了一个纸芝居，画了图卡，开始讲起图卡故事。我注意观察孩子的反应，他们都非常喜爱。

台湾地区十分积极地研究与推广纸芝居。台东大学儿童文学研究所一个研究基地，也在推动纸芝居的发展，有许多研究者已经投身这一研究，台湾亚太创意技术学院的陈晋卿博士就是其中一位。2007 年 10 月 3 日的午后，台东大学儿童文学研究所曾邀请曹俊彦以纸芝居的形式演出《三只熊》的故事。这儿有一段文字记录，记录当时的"演出"。

曹俊彦当时所念幼儿园的老师会利用纸芝居讲故事，那位老师还会装扮出不同角色的声音，吸引大家聆听故事。在这堂演讲之前，游老师特地托朋友制作了一个纸芝居的舞台，但因为朋友没有见过纸芝居，所以在制作上还是与真正的纸芝居的图，与游老师的木箱有些不同，不管是开口的设计，还是木箱的厚度，都不太一样，虽然木箱的形式有许多种，但是某些细节还是会影响到故事的呈现。另外，除大型的纸芝居外，还有家庭版的纸芝居。家庭版的纸芝居不需要木箱的辅助，购买时，家庭版的纸芝居就会附赠纸做的小包装，小包装就是一个小小的舞台，前后也同样各有个窗，可以直接拿在手上进行讲故事的活动。

游老师拥着要曹老师利用纸芝居说个故事，因此曹老师拿起了手上的家庭版纸芝居，说起了《三只熊》的故事。在讲故事时，曹老师兼讲故事和说明纸芝居，把背后的文字及说明念出，并赋予了里面的三只熊极具台湾味儿的名字——阿勇、阿巧、阿助，且夹杂着闽南语，带领我们读完这个故事。

说完这个故事后，曹老师拿出了一组明信片，上面只有极简的图画。展示过后，他请一位同学来说说这个故事。在独具慧眼的游老师指定下，儿童文学研究所博士班的邱子宁被“钦点”来说这个故事。虽然只瞄过一次，但爱看漫画的子宁果然将对图像的敏锐度表达出来，立即说了一个“小黄的故事”。其实纸芝居不需要太繁复的图案，有时简单的图像，更能吸引听者的专注。

当然，光听曹老师说还不够，游老师也被要求用日文说一遍《三只熊》，而且这个家庭版的纸芝居本来就是日文的，所以更是令人期待。而游老师也不负众望，用不同声音表现每只熊说的话，爸爸熊的浑厚、妈妈熊的甜美、宝宝熊的可爱，都有各自的特色，且声音的高低起伏都表现得十分鲜明。而且人们从日文里还可听出原来这个故事呈现了语言的重复性，适合与听者互动。

听完故事后，曹老师要大家思考纸芝居与图画书的差异，以及各自的优缺点。大家都很热烈地表达了自己的想法。纸芝居比较倾向于剧场的模式，在写内容的注意事项时，就像是在写脚本，所以它本来就是做表演之用，而且有舞台来展示，更能够使人聚焦于图画上，再加上没有文字的干扰（在背后），的确适合于说演故事，而且有木箱辅助，可以在背后做许多特效；而其实图画书一开始的设计用意并非讲故事，只适合亲子共读或自行阅读，所以对大型的讲故事演示，的确有些不方便。但是纸芝居的图画就不适合太过精细的演示，因为在表演时这样就会看不清楚，所以在需要精细表演的场合，人们大多会使用线条粗黑的图画作为脚本，而且利用纸芝居讲故事换页也比较麻烦。曹老师也认为在翻页这点上，讲故事时的确有些不便，所以有时他也会用活页书来取代，可增加灵活度。

在这段讲座记录里，我在脑海中建构剧场演出的情形。我后来也看过几次纸芝居的表演，这小剧场的故事呈现简单明了，让人印象深刻。例如，亚太创意技术学院的学生梁雅雯，她用纸芝居讲《家人的牙齿》，图卡上画了一张大嘴巴，嘴里有一颗颗雪白的牙齿，然后看到的是爸爸的蛀牙，接下来是妈妈的假牙，当银白稀疏的头发出现在画面中，猜猜那是谁呢？爷爷，是的！爷爷的牙齿会是什么状况呢？然后，爱吃糖却不爱刷牙的小新牙疼，正在看医生。梁雅雯经过设计的图卡，好像有机关似的，医生请小新张嘴时，你看到的图卡是一颗颗白牙齿，但梁雅雯轻轻推一下镂空的部分，瞬间出现的满是牙菌斑的牙齿。我想，听完故事的孩子以后应该会积极去做好口腔卫生，比如刷牙这件事。

不需要说教，看图卡小剧场演出故事就可以了。我体会到纸芝居的功能，它呈现了立体化的效果，以剧场形式演出。图卡以脚本的方式呈现。图画书的用意是导入阅读的概念，纸芝居的用意则是表演，用说演与拉图卡的方式呈现。我觉得纸芝居的图卡不需要画得很复杂，简单明了、色彩丰富的画就很具吸睛效果，应该考虑的是人如何说演与拉图卡才能带来更好的剧场效果，还有故事文本要足够精彩吧！我亲自操作过纸芝居，它容易入门，容易上手，应该大力推广。

认识图卡小剧场——纸芝居

"纸芝居"是怎么来的？这个名称令人一头雾水。我那时就好奇，想知道它是怎么来的。可以想象，在没有图画书的时代，纸芝居真有那么一点图画书的意思。它毕竟不是图画书，有些图画书的功能纸芝居是无法取代的；纸芝居的效果，图画书也无法做到。我看过许多资料后，才知道纸芝居原来是日本民间的一种传统表演。"芝居"在日文中，有戏剧的意思。再仔细解析"芝"这个字，它指的是"草地"；"居"的意思是"坐"。坐在草地上干什么？当然是看戏。"芝居"慢慢就成了戏剧的代称。古时候，日本的神社、寺庙附近常有慰劳神明的表演，说是给神欣赏，其实最开心的还是一般民众。他们坐在草地上看戏，这么一解释，这个“芝居”就有趣了。“纸”是指图卡，故事画在好几张图卡上。通过图卡搭配声音变化来表演，这种呈现方式就是纸芝居，又称作纸戏。

追溯它的来源，据知是江户时代引自西方的幻灯机概念。当时的幻灯机是从荷兰引进的高级舶来品，一般人不易取得。有好事的人想着如何将故事画在图卡上，外加木制的箱子当作舞台，然后讲故事的人在一旁说演，这种克难[1]式的幻灯片故事就是纸芝居的前身。这讲故事的人有一个称号，叫作辩士。它制作容易，成本不会太高，剧场的操作很简单，往往一个人就可以独立演出，很快，它就风行起来。日本纸芝居在 1920~1930 年盛极一时。1930 年开始，日本进入有声电影时代，大家都跑去看电影，而坐在草地上看图卡故事表演，变得不再吸引人，纸芝居也就没落了，这群专业故事人也失业了。

有些辩士成了卖糖果的小贩，说演纸芝居故事的小贩又称纸戏人。纸戏人骑着自行车到处叫卖，为了吸引孩子买糖果，他把纸芝居这个木箱子安装在自行车后面。你可以想象那个画面，纸戏人拿出两块木头，互相撞击，发出喀喀的声音。孩子听见了，纷纷围过来想听故事。纸戏人在讲故事的过程中，便把糖果卖出去了。木箱子里放了十多张图卡，他一边抽图卡，一边说演。他会根据孩子的反应，改变抽图卡的方式、说演速度或声音高低，创造出丰富的舞台效果。早期民风淳朴，儿童都很乖巧，有些人

[1] 克难，为了生存克服困难。这里指的是没有条件就创造条件做演说。——编者注

想看纸芝居可又没钱买糖果，就会躲在最后一排静静地听。卖糖果的纸戏人也很大方，即使孩子没有钱，也不会赶人，有时还会送糖果给他们吃。在那个年代，因为纸芝居展现了独有的人情味，让孩子们觉得很温暖。

推荐一本关于纸芝居故事的图画书——《纸戏人》，作者是艾伦·赛伊（Allen Say），这本图画书描写了纸戏人的故事，也记录了纸芝居的兴衰：在没有电视机的年代，当卖纸戏人到来时，孩子会围上去，买一颗糖，听一则故事。当电视机出现之后，大家都去看电视，纸戏人的生意便没落了。多年之后，纸戏人老了，当他再度出现在街头时，迎接他的不是人们的冷漠眼神，而是人们的感谢，回味孩提时代的，美好、单纯、善良的回忆，感动着每一个人。

之前，纸芝居也曾在台湾流行过。曹俊彦曾介绍道："这和日本卖糖果的小贩不同，当时幼儿园教师运用纸芝居讲故事，是为'引诱'儿童喝下牛奶。牛奶有股焦味，许多儿童都捏鼻子皱眉头才喝得下去。"

现在来介绍纸芝居的样子。纸芝居是一种说演故事的方式，主要以小箱子作为剧场，将单张图画（A3纸大小）放在木箱中间依序呈现出来，木箱前后各开一个窗，前面为观众的窗口，后面则为讲故事者浏览内容的窗口。后面这浏览窗口是有功能的，故事人会将内容写在图卡的背后，但其中的技巧在于，第一张的文字写在最后一张的背后，

《纸戏人》封面

第二张的文字则写在第一张后面，以此类推，在替换图画的过程中，以循环的方式串联起来。故事人说演时，可以看着图卡背后的内容，掌握故事的发展，哪里该抽换图卡，该做什么样的设计，该用什么说演故事的技巧，该呈现什么声音表情，该用什么方法抽拉画纸……把这些都写在纸的背后，提醒故事人应该注意什么。

陈晋卿提到，有人认为纸芝居像“移动的图画书”，其实它更像“移动的舞台”，甚至类似电视、电影。拿木箱来说，门关着时，就已吸引孩子的好奇：“箱子里藏了什么东西？”等到木门打开，更如同舞台拉开帷幕，邀请孩子入戏来。

其实，纸芝居在台湾没落了很长一段时间，当人们发现它很实用、很有效果，具有许多优点之后，台湾一些学者、专家开始关注这一领域。于是纸芝居最近这几年开始复苏。亚太创意技术学院的陈晋卿在台东大学儿童文学研究所念书时接触纸芝居，认为这是一种不可思议的讲故事方式，很像剧场却不用搭建舞台，道具简单，与孩子的互动又强，非常值得开发，它可给孩子的学前教育带来福音，是父母与孩子互动的利器。讲故事对学前教育专业的学生而言是一项基本技能，更是父母的育儿法宝。利用“纸芝居”来说演故事，舞台虽小，但成本低廉，戏剧效果极佳。只需要懂一点绘画技术，具有编写故事能力，说演故事技巧与开发纸芝居课程的创意，就可以成为一个说演图卡小剧场的高手。基于有心推广与发展，陈晋卿在亚太创意技术学院成立了“纸芝居儿童戏剧团”。

讲故事是一种送礼的行为

《爱丽丝漫游奇境》封面

“讲故事是一种送礼的行为。”我听到这句话的时候非常感动。这是《爱丽丝漫游奇境》的著者刘易斯·卡罗尔（Lewis Carroll）说的。我是一个实践者，当我遇见孩子的时候，真可以不用多说什么，或送什么东西。讲故事就可以，他会聚精会神听你讲，故事讲完了，孩子收到礼物了，你还会成为他的好朋友。我一直在研究讲故事的方法，想着如何将故事更精彩生动地“演”出来。这么好的礼物，每一个大人都应学会怎么送出去。当我初识纸芝居的时候，我被惊艳到了，认为应该将它推广出去。我该如何结合我的说演故事一起来让图卡小剧场更具戏剧效果呢？

除了对亚太创意技术学院的陈晋卿推动纸芝居的研究，我还找到了一篇关于日本科学图画书作家松冈达英致力于推广纸芝居的报道。我是从书上知道他的。1944 年，松冈达英于日本新潟县出生。他喜欢去世界各地旅行，进行自然探索以及数据搜集。他以亲身经历，加上精湛的写实绘画功力，创作出许多精彩的图画书。他的《鼹鼠博士的地震探险》让你了解什么是地震，他的“小浣熊的雨林大冒险”系列让你认识什么是雨林，他的“和爸爸一起去探索”系列，让你喜欢森林与海边。你若是喜欢恐龙，还可以看他的“恐龙”系列。松冈达英的作品能够让你领略大自然的丰富多彩。

我读他的图画书《一座岛屿的100年：生生不息的生命故事》

《最美的法布尔昆虫记》封面

《和爸爸一起去森林》封面

《驾驶机器人看恐龙》封面

时，就深深地被他的作品吸引。他对野外的花草树木、山川鸟兽的描绘非常细腻，图册讲述的求生观念简单明了。他还将法布尔的《昆虫记》图画化，让你一目了然。在《最美的法布尔昆虫记》中，你会感受到他的画画功力，他能将生物画得惟妙惟肖。当我翻开《咔嚓咔嚓爷爷的恐龙王国》时，感到这本剪纸图画书已不只是故事，简直就像摊开的艺术品呈现在我眼前一样。

《咔嚓咔嚓爷爷的恐龙王国》是松冈达英的第一本剪纸图画书。当我打开这本图画书时，一场洪荒时代的冒险开始了。你可以想象，随着咔嚓咔嚓的剪纸声，爱剪纸的爷爷剪出了各式各样的恐龙。这本图画书做出恐龙王国的纸雕剧场。剧场舞台的布景是一片草木茂密的森林，森林里有许多小昆虫、蜥蜴、青蛙，它们全躲在树丛里！在故事里，小恐龙遇到了各式各样的恐龙：有专吃树上果实的厚头龙，住在水岸边的阿拉摩龙。危险随时会来到。哇！凶猛的霸王龙追来了。啊！大洪水来了。庞大的恐龙成群结队要渡河。小恐龙逃到了一片森林里，为了寻找妈妈，它不停地走着，不停地走着。

我觉得有趣的是，图画书故事本身就以剧场的形式呈现，惊险的情节历历在目，刚好可以运用图卡在小剧场进行说演。松冈

《咔嚓咔嚓爷爷的恐龙王国》封面及内页

达英的原画展出时，特地将《咔嚓咔嚓爷爷的恐龙王国》融到了纸芝居里，用图卡说演小恐龙的故事。小恐龙在小剧场里和老爷爷同台演出。我发现将图画书延伸成为纸芝居是一个不错的展演。一只只恐龙虽都以剪影的模式呈现，但情节的紧凑依然让人感到惊喜，让人觉得就像在翻阅图画书一样。

松冈达英化身为书中的爷爷，伴随着咔嚓咔嚓的剪纸声，一只只活灵活现的恐龙跳出来，他创造了恐龙剧场，也创造了一场洪荒时代的冒险之旅。松冈达英尝试用剪纸来创作，虽然是用简

《咔嚓咔嚓爷爷的恐龙王国》内页

化的轮廓表现，整本书的色彩和构图仍是美得让人赞叹。有趣的是，他还用图卡小剧场的方式演出。我知道那是什么情形，就像我看了曹俊彦、陈晋卿的纸芝居一样，精彩的情节都在拉图卡讲故事中显现出来。

我自己也制作了一个纸芝居，画了一套图卡，故事名叫《鸟蛋》。我先写好故事脚本，再进行分镜，画好每一张线图，以黄绿色为主色系完成图卡。我写故事喜欢在最后来个“惊奇”。这是一个不错的技巧，故事铺陈可以平淡无奇，情节过程中的人、事、时、地、物交代清楚就可以。若要创造精彩的故事就要让人意想不到。我看过许多故事，结局让我惊讶不已。会让你惊讶表示结果跟你的预设不同。有一些经典作品的翻转改写制造“意想不到”，就是颠覆了传统。请你想象一下，《青蛙王子》的故事中，公主亲了青蛙王子之后结果会怎样呢？你可以就这个结果独具创意地写一则故事，或者你可跟孩子用纸芝居讲故事时，创造一个新的内容，就像电影《沉睡魔咒》一样。(明明是睡美人的故事，但情节变化极大，好看得让我目瞪口呆。)《鸟蛋》图卡画好了，我将其置放在木箱子里，孩子们围坐在桌子前，一场图卡小剧场的表演开始了。

电影《沉睡魔咒》海报

说演技巧是我一直强调的。我认为故事人是在表演，已经不只是在讲故事，而是成了情节里的一部分。图卡故事需要你口说身演。我介绍第一张图卡：封面，一只鸟妈妈生了一窝鸟蛋，一共五颗，四颗白色，一颗蓝色；四颗小蛋，一颗大蛋。故事的焦点会落在那颗蓝色的大蛋上，你大概能猜到它绝不是鸟蛋。鸟妈妈无私地一起孵，它期待鸟宝宝破壳而出。如预期的四颗白色小蛋孵出了小鸟，而那颗蓝色大蛋却毫无动静。鸟妈妈很着急，盼啊盼！等啊等！终于看到了蓝蛋上面的裂痕，鸟妈妈和小鸟们都紧盯着。我讲到这里的时候，孩子也紧盯着，这颗蛋到底孵出什么东西？我让孩子猜猜看，大家都很聪明，不会猜小鸟。每个孩子的答案都是对的，每个人都有权利编自己《鸟蛋》的结果，但他们希望说出的答案跟我一样。这么引导，孩子猜这个鸟蛋会孵出什么东西就是我们说的“惊奇”了。我当然有自己的答案。童话最迷人的地方，在于它可以不必是真的，可以让人去想象是它的特点。我将图卡拉开，蓝色的大蛋孵出来了，那是一只霸王龙。孩子们笑得好开心，不管猜到还是没有猜到都是欢喜。图卡小剧场演出完毕，我得到一阵掌声。

那是一群幼儿园的孩子，看完纸芝居的表演他们还意犹未尽。孩子对故事的需求永远是贪婪的，说不完的故事也就可以满足他们的意犹未尽。在故事现场，我另外准备了一本图画书——宫西达也的《我是霸王龙》，也算是跟纸芝居《鸟蛋》表演的一种呼应。故事里都有霸王龙，叙述的内容不一样，却一样精彩有趣。

纸芝居只是一个小剧场，这个木箱子其实是没有生命的，它只不过门关关开开，前后有窗而已。图卡上的故事才是小剧场的生命，但真正赋予纸芝居生命的还是讲故事的人的说演。我觉得应该将纸芝居引入生活，尤其是家有幼儿的家庭。除了图画书的阅读，小剧场的说演正好也是一种阅读。幼儿园的老师应该把纸芝居的操作过程设计成一堂堂课程，因为说演故事与戏剧表演本来就是学前老师的职能，图卡小剧场的表演，综合了这几种能力。你应该在家里放一个纸芝居，与孩子一起编写故事，一起涂涂画画，然后一起登场演出。当纸芝居的门打开来，图卡故事也就登场了。我给孩子送礼物，故事就是最好的礼物。

纸芝居是值得推广的故事表演

我推广说演故事，希望每个讲故事的人都能够掌握，抓住几个要领来表现自己的风格，这样故事自然讲得精彩。我推动纸芝居，希望图卡小剧场能成为故事人很好使用的利器。为孩子讲故事是大人给他们的礼物。亚太创意技术学院陈晋卿博士是一位推动纸芝居的故事人，他成立的“纸芝居儿童剧团”常在各地巡演，非常受欢迎。

在日本各地都有“纸芝居故事协会”专门研究、开发纸芝居的表演；幼儿园里的老师在学校讲故事给孩子听，用纸芝居拉图卡讲故事是很普遍的事；各地图书馆常常有纸芝居的演出，吸引很多小区的孩子前往观赏；小学定期也会办理纸芝居故事比赛；在京都的漫画博物馆里，设有一个纸芝居研究室，研发课程之外，定期培训学员，定期在博物馆演出。可见，纸芝居在日本是很普遍的讲故事方式。

台湾云林虎尾故事馆的特色就是纸芝居，质朴的日式建筑，桂花在庭园里绽放，花香伴着馆内的故事声。一个宁静的下午，坐在榻榻米上看纸芝居表演是非常享受的美事。云林故事馆也常常办理培训课程。

有一次我在杭州看陈晋卿的纸芝居演出，图卡的线条简单明了，画面色彩丰富，表演时注重声音表现、拉图卡技巧、图卡与故事融合变化等。有一段视频播放他的女儿表演纸芝居。三岁小女孩认真熟练地讲图卡故事，拉图卡时还扮个鬼脸，非常可爱。图卡小剧场的操作与说演真的是连三岁的小孩子都会。指导一般人进行纸芝居说演故事应更加容易。陈晋卿培养了一群学生，作为纸芝居儿童剧团的骨干，被派往全台湾巡回演出。纸芝居儿童剧团是亚太创意技术学院儿童与家庭服务系的学生自组成立的剧团，也是大专院校中唯一附设的儿童剧团。演员只要一只小小的木箱和几张薄薄的图卡，便能借助纸芝居演出，将故事的欢乐与感动带给许许多多孩子。让故事走出故事屋，让更多的孩童感受纸芝居的魅力；运用纸芝居的动态故事演出，推广阅读活动；让学生勇于接受挑战，实现他们撒播故事种子的梦想。

那一年《联合报》就有一篇报道，报道剧团 2013 年的巡演——《纸芝居环台巡演今年挑战 140 场》。

苗栗县私立亚太创意技术学院儿童与家庭服务系学生萧惠文，去年和学姐梁雅雯搭档巡回全台演出 43 场纸芝居，昨天她带领学妹再次展开纸芝居环岛巡演，两组表演团队将在 24 天内分头绕行全台，预计演出 140 场，期盼为各地孩童带来欢笑。

讲师陈晋卿说，去年梁雅雯和萧惠文巡回全台表演纸芝居，获得了宝贵经验，今年梁雅雯已毕业，大四的萧惠文将演出技巧和经验传承，并和学妹组队，再次挑战全台巡演。萧惠文化身“花生姐姐”与化身“奶茶姐姐”的一年级学妹郑乃绮组成北队；三年级“西瓜姐姐”黄姿婷和一年级“麻薯姐姐”郑宜欣则组成南队。她们由校长刘绍文授旗，从竹南镇苗北艺文中心分头出发，展开巡演。她们预计造访各地图书馆、公私立幼儿园和小学、赡养中心、家扶机构，共75个单位，演出140场，途中将在台东诚品书店会合交换心得，之后再继续行程。

郑乃绮说，此次巡演将24天无法回家，假日时最多演出6场，每场约半小时，对体力考验很大，但校方积极为巡演募款赞助，同学们也允诺到家乡巡演时，会前去接待并为她们打气，她们很感动，对演出更有信心。萧惠文提到，去年巡演磨炼出面对陌生人群的勇气，懂得了掌握气氛临场反应，还学会了讲故事的技巧，体会到了服务的精神，希望这次巡演，能带领学妹体验到课堂上不易学到的人生课程，获得更多成长。

从这篇报道可以看出纸芝居在台湾已经渐渐蔚为风气。自从推广阅读以来，讲故事成为推动阅读的一种方式，多年来这种方式在故事妈妈热情参与之下，形成了非常成熟的经验。纸芝居被带进说讲事现场之后，更是成为阅读推广的利器。陈晋卿办理纸芝居的培训，课程有纸芝居演出观摩、台湾纸芝居的发展、纸芝居故事的编制、纸芝居与语文教学、纸芝居阅读剧场、纸芝居工作坊——舞台制作。

我很关注纸芝居的发展。海峡两岸儿童文学研究会何绮华老师一直将纸芝居运用于语文教学。木箱子携带有些不方便，她就改良做成纸箱子，一折一粘就是一个纸制的纸芝居，于是推广纸芝居就更方便了。我携着纸制纸芝居也推广过一连串的课程。在日本，小学生有纸芝居讲故事比赛；在台湾地区，大专院校有纸芝居讲故事比赛。陈晋卿的女儿能把纸芝居故事讲得这么好，我决定尝试将纸芝居说演故事设计成课程，引导小学生也能沉浸到自创自演的故事之中。我开发关于纸芝居的课程，是为了培训学前教育系的学生、幼儿园老师与家有幼儿的父母，图卡小剧场具有不可思议的功能，在故事表演中孩子的学习会得到很好的落实。时下在谈“翻转教育”，纸芝居是最佳的实践道具。

你也可以是“纸戏人”

我设计得2015年夏令营活动，就是以纸芝居故事说演为主轴,以小学生为对象的。漫长的暑假一共做了六梯次：福州两梯次、厦门两梯次、潮州一梯次、淄博一梯次。我以海洋为主题，将营队命名为“2015夏天，海洋，儿童图卡小剧场故事夏令营”。我常独自坐火车到台湾东部的花莲，高耸的中央山脉像一条龙由北而南盘踞在台湾岛上，龙一侧身探出的爪子刚好抓住花莲这个位置。站在清水断崖远眺或者在七星潭观浪，都不得不赞叹太平洋的浩瀚。蓝色的海洋蕴藏丰富的生态，我于是讲起海洋的故事，以海洋为主轴，以启发的方式，引导孩子学习与创作。

或许孩子没有看过太平洋。我常强调，创作时寻找的题材，自身经历过最好，若没有经历过，阅读是最好获得经验的方法。

要想写一个海洋的事情，走进图书馆一定可以找出上千条数据。网络搜寻也行，百度一下，惊人的数据让人咋舌。不怕没题材，就怕你不愿去搜寻。题材有了，接下来是怎么整理、内化、想象、联想与再创作。这是创作故事必经的过程。我准备了许多关于太平洋的资料。“孩子们，当你们看见太平洋的时候，你们会感动的。”我说。“但我们没去过太平洋！”孩子们回答。“那是我的经验，没有见过太平洋没关系，你们要找自己的海洋，以前读过的关于海洋水族动物的资料都可以拿来使用。想象力很重要，编写故事的时候，不能没有想象力。”我找了许多海洋生物的数据制作成简报，一边播放给孩子们看，一边为他们讲解说明。飞旋海豚、旗鱼、魟鱼、小丑鱼……我还举了几个故事创作的范例。冒险故事其实是迷人的，我列一条简单的式子给孩子们参考。精彩的冒险故事都有发展的脉络：出发—遇险—脱险—返程。它符合“叙事三部曲”（开始—经过—结尾）的规则。以一则微童话为例子说明，孩子就会明白创作的方向。

鲑鱼回家

鲑鱼群在海上旅行有三年之久，他们想回到自己的出生地，那是一条自高山而下的河川。

海洋辽阔，到底是哪一条呢？

鲑鱼王凭借经验寻找着，但始终不确定。

“找到了吗？大伙儿都要跟你行动，你可不能带错路。”

鲑鱼王祈求天神帮帮忙。

天神没有施魔法，只是淡淡地说："放轻松，相信身体的感觉，就会找到回家的路。"

鲑鱼王带着百万条鲑鱼最终找到了回家的河川。

这则简单的微童话的发展脉络是这样的：

出发：讲到鲑鱼在海上旅行了三年，想回出生地；

遇险：鲑鱼王忘记路了；

脱险：鲑鱼王找到回家的路；

返程：鲑鱼王带着鲑鱼回到河川。

孩子开始编写自己的故事，于是他们把自己原创想象出来的童话故事写在稿纸上。我要他们自己创作，不要拿古典童话改写，他们写的童话故事也许写得不是很好，却是自己花心思的作品。以写好的童话故事作为绘画图卡的脚本，然后进行分镜。我想分镜是学校不会教的技巧吧！

分镜（storyboard）又叫故事板。电影、动画、电视剧、广告等影像在实际拍摄录制之前，以图表的方式来说明影像的构成，这就是分镜。漫画、图画书在绘制之前，也要利用分镜构图提前安排情节。我告诉孩子，制作纸芝居的图卡也要分镜。我说："你必须设计你的故事分镜，思考故事在哪里做节点，分镜的构图如何表达你的想法。你讲故事时，图卡的画面就是一个情节，情节依照图的内容贯穿整个故事。"分镜能帮你规划故事到底要画几张图卡、故事内容如何在图卡上表现，分镜每张图卡的安排如何贯穿整个故事。这三种功能，攸关图卡小剧场表演的精彩程度。

到底要画几张图卡呢？在一般人眼中，纸芝居似乎只是单纯地看图讲故事的表演。我认为纸芝居背后有不少学问。我曾看到一份资料这么写着：“纸芝居的图卡 12 张为一组，这组图卡就是一场纸芝居表演的量。如果故事内容比较长，可能会用到 24 张、36 张，甚至更多张图卡。这时候，故事就会分成上、下卷 (12+12) 或上、中、下卷 (12+12+12)，或是像漫画一样以 1 ~ N 卷的方式演出。而且纸芝居的图片内容也不是随便画的。要制作纸芝居，首先当然要有故事，有了故事，就要把故事绘制成图卡，由于纸芝居多半以 12 张图为一组，因此在绘制图片时，必须要经过一定的计算，好让 12 张图片能流畅地表现出故事内容。”从这段叙述可以知道一则故事如何在 12 张或更多的图卡中呈现出来，分镜是必需的，因此你必须能控制你的故事容量，考虑如何把故事在图卡上展现很好地出来。

我引导孩子们创作故事之后，发现他们的故事简单扼要，情节不会太复杂，使用的图卡也不会太多。4 张、5 张或者 6 张，按照分镜在图卡上画出来。在画分镜图的时候，我告诉孩子图要画大一点，线条要画简单。纸芝居小剧场表演虽然图卡很重要，故事内容也重要，说演的故事人如何表现更重要。也由于这个木箱子的窗口不算大，图画小了或内容太过复杂，观众反而看不清楚。“按照分镜图，把图画在图卡上。图要画大些，线条简单就好，孩子们！”我指着图卡说，“还有，颜色要上得丰富。”孩子们兴奋地又画又涂，每个人心中的故事，被安排被规划，呈现在图卡上。多么期待听他们讲故事。

在写作教学中有一门课程：“看图写话”，这是低年级孩子的作文课，算是早期的写作教程。孩子们有一种天真，叫作想象力，他们有看图讲故事的能力。图卡的内容对孩子们而言是有意义的，依照他们所写的故事脚本，他们将要拉图卡演出故事。

我的设计图卡小剧场的课程里，说与演是必须练习的。我爱讲故事，在“口说身演”的带动之下，孩子们听故事犹如在看一场独角戏。我把角色活灵活现地演出来，在情节中利用声调变化让氛围热烈起来。所有跟口才训练有关的课程，朗读绝对是必修的。学生最终要用图卡讲故事，我让他们先做朗读训练。口才的练习是一个漫长的过程，不是一朝一夕就可以练出来的，它有一套专门的训练课程。我指导孩子讲故事，从朗读开始。我研发了一种“说演式朗读”，让孩子拿着自己写的故事朗读。什么是“说演式朗读”呢？简单地说，随着故事情节改变情绪，因为情绪变化了，肢体、表情与声音也会随之变化。

例如，朗读“花园里的百合花都盛开了，我闻到花香，哇！好舒服。”一般的朗读可能是声调稍微扬起，字正腔圆念完。但“说演式朗读”就不能这么念。分析一下这句话，当你看见花园里的百合花盛开，闻到百合花香时，心情会怎样呢？该不会是愁眉苦脸的吧！应该是愉快，愉快写在你的脸上。有欢乐的情绪，讲话就应该有欢乐的声调。想想看，你很快乐时讲话是怎么讲的。加入情绪后，这句话说起来就不一样了。“哇”是感叹词，拉长音，就更有感觉了。这就是“说演式朗读”。

“说演式朗读”是一种讲故事的练习，投入情感，随喜、怒、哀、惧等情绪变化声调。我教孩子们用这种方式朗读自己写的故事，大家玩得可开心了。依照自己的图卡与故事脚本，孩子们开始练习怎么演出。孩子们平时大声讲话、嬉闹、顽皮，真正上台却都闭嘴了。台上讲话表现自己真是不容易，更何况说演故事。纸芝居表演自己的故事，其实可以躲在小剧场后面念稿子，但我更希望是走出来说演。口才是能力，需要长时间训练。孩子们做得很好，不过我不要他们照稿子讲，更不要他们背稿子。他们看着图，全凭自己对故事的熟悉，理出条理，阐述情节。无论他们表演得是否精彩，我觉得他们都做得很好。克服自己的恐惧，上台说演自己的故事，这就是进步。纸芝居的多元学习包括制作图卡故事，置入图卡小剧场（纸芝居），进行说演故事。对于课程效果，我期待孩子们写自己的故事，分析自己的故事，画自己的故事，说自己的故事，演自己的故事。

后来，我以小学生为对象进行指导。小学兴起了课本剧的展演，语文课本的内容改写为剧本之后，被小学生拿来表演课本剧。我向他们分享可以利用纸芝居的方式，将课本内容转换成图卡，让孩子说演。图卡小剧场也能演出课本剧。上台演戏剧，毕竟是少数人能做。图卡小剧场的演出方式，每个孩子都可去做，这能达到课本剧人人演的效果。

纸芝居的课程排出来后，我先针对孩子进行实践教学，其实我更希望教导大人如何通过纸芝居说演故事。孩子出生之后，最早的老师是父母，所以父母必须是讲故事高手。我小的时候，家住在海边，大海和防风林是我的游戏场，我常常去那些地方冒险。像野孩子似的调皮捣蛋的日子里，我的父母就常给我讲与大海有关的故事。《桃太郎》的故事中，明明桃子是从河的上游流下来的，妈妈就是要改编成桃子是被海浪冲上岸的，她编的故事总是跟现场环境结合。我相信父母是故事高手，当你有了孩子之后，你就会讲故事，只是大部分父母不愿意相信自己也是可以的。用故事喂养孩子吧，故事就跟牛奶一样，要让孩子吃饱。他那小小的脑袋瓜需要故事来填满，智商、情商自然就会随之提高。我将纸芝居的课程运用于小学生身上，他们讲演得比我预期的还好，我感到吃惊。小学生都做得到,我相信大人一定可以做到,不但做得到,还可以做得更好，因为你所做的一切都是为了自己的宝贝。

用纸芝居讲故事也是幼儿园教师必须具备的基本技能。我到大专院校跟学前教育系的学生分享：“你们将来都是幼儿园的老师，讲故事是你们的基本能力。你们若很会讲故事，孩子会非常爱你们。这种被称作纸芝居的图卡小剧场需要你们编故事、写故事、画故事、讲故事与演故事。你们可以针对教学主题设计图卡。”身为幼儿园的老师,你若爱孩子,就必须很会讲故事。注意“很会”这两个字的含义，意思是比一般会讲故事还要会讲故事。善用纸芝居会让你受到欢迎，创造图卡小剧场带来的效益，让你与孩子终身都受用。

纸芝居是故事与剧场的综合活动，也是创作与表演的结合。图画书故事延伸为图卡剧场，当你投入其中时，就不只是单纯地讲故事或演奏图画书，还结合了剧场表演和互动，这些成为故事人所需的综合能力。

注意“综合能力”四个字的含义，训练综合能力就是让你在故事说演方面拥有更多的技能。学会运用图卡小剧场（纸芝居），你就会进入说演故事的另一种境界。

属于你的纸芝居课程构想已经为你规划出来了，你可以自己试着操作看看。这是多元化的学习课程，先置入图卡小剧场（纸芝居），再说演故事，最后完成表演。课程目标是你可以“写自己的故事，分析自己的故事，画自己的故事，说自己的故事，演自己的故事”。图卡小剧场只是一个载体，它让讲故事更多元，通过它可以运用与推广图画书概念。

课程方向	课程设计
思考	引导你搜寻题材，从题材讨论中去思考、分享观点，再举相关的例子说明。教你如何写一则孩子喜爱的故事（包含具有目的性的故事）。
创作	故事创作技巧是需要学习的。学习创作技巧，写出自己的故事。掌握如何写故事的技巧，使自己想出的点子条理化，置入情节，开始创作故事。
绘画	说明分镜的功能与重要性，指导你如何将自己的故事做妥当的安排，然后针对故事内容画好分镜图。最后教你依照分镜图绘制图卡。
口语	说演式朗读的练习。熟悉自己的故事，针对图卡内容进行设计，明了故事如何口说，如何身演。说演朗读时融入你的故事。
表演	这个故事箱也就是小剧场，制作出来还要学会如何操作它。操作图卡时要搭配声音表情、肢体语言与情绪感受。在你的设计之下，一场纸芝居图卡小剧场要开锣啦！

这门课程不只是普及理论，还引入了实际的操作，能让你真正学到东西。你将会是优秀的新手爸妈或幼儿园老师，一切就在

这图卡小剧场之中。你将是故事剧场高手，孩子将因你的引导而幸福。

之所以开发这门每个人都可以自行完成的课程，是期待家有幼儿的新手爸妈与幼儿园老师来学习。为什么？因为它可以教给你表现“故事力”的最佳方法，带给孩子的不只是听故事的乐趣与学会学习的方法，更多的是提供亲子、师生之间的情感交流。

父母是孩子的启蒙老师，是孩子一生的老师。图卡小剧场课程让你能借助故事带领孩子进入阅读与学习的领域。

孩子进入集体生活最开始的引导者是幼儿园老师，他们进入系统化教育阶段、进入社会化学习后，幼儿园老师发挥着重要的作用。图卡小剧场课程能让老师带领孩子进入生活学习。所以，老师也应是纸戏人。

参考文献

[1] 陈月文：《故事妈妈宝典》，台北：天卫文化图书股份有限公司，1977。

[2] 陈淑琦等：《说故事的技巧》，台北：时报文化出版企业股份有限公司，1988。

[3] 蔡尚志：《儿童故事原理》，台北：五南图书出版股份有限公司，1989。

[4] 玛丽亚·蒙特梭利：《童年的秘密》，马荣根译，台北：五南图书出版股份有限公司，1992。

[5] 林文宝：《儿童文学故事体写作论》，台北：毛毛虫儿童哲学基金会，1994。

[6] 梅果主编《幼儿文学创作与赏析》，北京：经济科学出版社，1994。

[7] 何三本：《幼儿故事学》，台北：五南图书出版股份有限公司，1995。

[8] 松居直：《幸福的种子：亲子共读图画书》，刘涤昭译，台湾英文杂志社，1995。

[9] 林真美：《在绘本花园里：和孩子共享绘本的乐趣》，台北：远流出版公司，1995。

[10] 林文宝、徐守涛、陈正治、蔡尚志：《儿童文学》，台北：五南图书出版股份有限公司，1996。

[11] 松居直：《我的图画书论》，季颖译，长沙：湖南少年儿童出版社，1997。

[12] 达夫妮·莫勒、查尔斯·莫勒：《婴儿的感官世界》，萧德兰译，台北：天下文化出版股份有限公司，1998。

[13] 郑光中主编《幼儿文学教程》，成都：四川民族出版社，1998。

[14] 张晓华：《创作性戏剧原理与实作》，台北：财团法人成长文教基金会，1999。

[15] 林文宝：《叙述、叙事与故事》，载台东师院儿童文学研究所编《儿童文学学刊》，2000年第3期。

[16] 林敏宜：《图画书的欣赏与应用》，新北：心理出版社股份有限公司，2011。

[17] 李坤珊：《小小爱书人》，台北：信谊基金出版社，2001。

[18] 艾登·钱伯斯：《打造儿童阅读环境》，许慧贞译，台北：天卫文化图书股份有限公司，2001。

[19] 徐素霞主编《台湾儿童图画书导读》，台湾艺术教育馆，2002。

[20] 周庆华：《故事学》，台北：五南图书出版股份有限公司，2002。

[21] 陈璐茜：《绘本发想教室》，台北：雄狮图书股份有限公司，2004。

[22] 宋珮、张淑琼等：《走进图画故事书的世界》，台北：道声出版社，2004。

[23] 王琼珠：《故事结构教学与分享阅读》，新北：心理出版社股份有限公司，2004。

[24] 张晓华：《教育戏剧理论与发展》，新北：心理出版社股份有限公司，2004。

[25] Judith A.Schickedanz：《远远多于ABC：谈早期读写的萌发》，陈淑琴译，台北：信谊基金出版社，2005。

[26] 河合隼雄、松居直、柳田邦男：《绘本之力》，林真美译，台北：远流出版公司，2005。

[27] 卢本文等：《故事欢乐游：故事人推广手册》，台北：毛毛虫儿童哲学基金会，2005。

[28] 卢本文等：《叙事之美：故事妈妈的生命故事》，台北：毛毛虫儿童哲学基金会，2005。

[29] 林美琴：《绘本游艺场：从手制绘本爱上阅读与写作》，台北：天卫文化图书股份有限公司，2005。

[30] 周叶惠、爱知堂编著《一生的阅读计划》，天津教育出版社，2005。

[31] 玛莎·汉弥顿、米齐·卫思：《教孩子说故事：说故事于课堂上之教学与运用》，陈宏淑译，台北：东西出版事业股份有限公司，2006。

[32] 柯华葳：《教出阅读力》，台北：天下杂志股份有限公司，2006。

[33] 林文宝、周惠玲、洪志明、许建昆、陈晰如、张嘉华：《儿童读物》，台湾空中大学，2007。

[34] 彭懿：《图画书：阅读与经典》，南昌：二十一世纪出版社，2007。

[35] 子鱼：《说演故事空手道》，台北：天卫文化股份有限公司，2007。

[36] 陈世明：《图像时代的早期阅读》，上海：复旦大学出版社，2008。

[37] 林美琴：《儿童阅读新识力：儿童读书会与班级共读》，台北：天卫文化图书股份有限公司，2008。

[38] Mary Renck Jalongo：《幼儿文学：零岁到八岁的孩子与绘本》，叶嘉青编译，新北：心理出版社股份有限公司，2008。

[39] 南云治嘉：《绘本设计》，巫玉羚译，新北：枫书坊文化出版社，2008。

[40] 郝广才：《好绘本 如何好》，南昌：二十一世纪出版社，2009。

[41] 培利·诺德曼、梅维丝·莱莫：《阅读儿童文学的乐趣》，刘凤芯、吴宜洁译，台北：天卫文化图书股份有限公司，2009。

[42] 黄迺毓、李坤珊、王碧华：《童书是童书：给陪伴孩子看书的父母》，台北：宇宙光出版社，2009。

[43] 陈晖：《图画书的讲读艺术》，南昌：二十一世纪出版社，2010。

[44] Jennifer Birckmayer, Anne Kennedy, Anne Stonehouse：《从摇篮曲到幼儿文学：零岁到三岁的孩子与故事》，叶嘉青编译，新北：心理出版社股份有限公司，2010。

[45] 林真美：《绘本之眼》，台北：天下杂志股份有限公司，2010。

[46] 林文宝、陈正治、林德姮、王宇清、陈晰如、孙艺珏：《幼儿文学》，台北：五南图书出版股份有限公司，2010。

[47] 李坤珊：《让宝宝爱看书：0～3岁阅读行为放大镜》，台北：信谊基金出版社，2011。

[48] 林文宝主编《台湾儿童图画书精彩100》，台湾文学馆，2011。

[49] 林良：《林良谈儿童文学：浅语的艺术》，台湾“国语”日报出版部，2011。

[50] 松居直：《松居直喜欢的50本图画书》，郭雯霞、杨忠译，南昌：二十一世纪出版社，2011。

[51] 柯志恩：《1～3岁发展与教养对策，台北：信谊基金出版社，2014。

[52] 柯志恩：《3～6岁发展与教养对策》，台北：信谊基金出版社，2014。

[53] 艾登·钱伯斯：《说来听听：儿童、阅读与讨论》，蔡宜容译，台北：天卫文化图书股份有限公司，2014。

[54] 陈欣希：《0～6岁亲子悦读地图》，台湾麦克股份有限公司，2015。

[55] 蔡正雄：《绘本的魔法力量：孩子生命中该明白的事》，台北：四也出版公司，2015。

[56] 朱自强：《亲近图画书》，济南：明天出版社，2016。

引用图片出处一览表

（以下按音序排列）

《爱》P147、P148

〔克罗地亚〕安德烈娅・彼得利克・侯赛诺维奇 / 著・绘，柳漾 / 译

广西师范大学出版社 / 魔法象童书馆出品，2015 年 4 月版

《爱丽丝漫游奇境》P227

〔英〕刘易斯・卡罗尔 / 著，〔克罗地亚〕安德烈娅・彼得利克・侯赛诺维奇 / 绘，吴钧陶 / 译

广西师范大学出版社 / 魔法象童书馆出品，2018 年 5 月版

《爸爸》P211、P212

〔日〕土田义晴 / 著・绘，彭懿 / 译

广西师范大学出版社 / 魔法象童书馆出品，2015 年 9 月版

《爸爸去哪儿了？》P87

〔日〕五味太郎 / 著，〔日〕猿渡静子 / 译

新星出版社 / 爱心树童书出品，2014 年 9 月版

《宝贝，快到我的怀里来》P154

〔日〕内田麟太郎 / 著，〔日〕长谷川义史 / 绘，彭懿、周龙梅 / 译

广西师范大学出版社 / 魔法象童书馆出品，2016 年 1 月版

《不可以！》P183

〔西班牙〕玛尔塔・阿尔特斯 / 著・绘，柳漾 / 译

广西师范大学出版社 / 魔法象童书馆出品，2015 年 9 月版

《不来梅的音乐家》P189、P190

〔英〕布莱恩・威尔史密斯 / 改编・绘，柳漾 / 译

广西师范大学出版社 / 魔法象童书馆出品，2015 年 1 月版

《猜猜我有多爱你》P20

〔爱尔兰〕山姆・麦克布雷尼 / 著，〔英〕安妮塔・婕朗 / 绘，梅子涵 / 译

明天出版社 / 信谊图画书出品，2013 年 7 月版

《吃饱了，吃饱了》P159

〔日〕长谷川义史 / 著・绘，彭懿、周龙梅 / 译

广西师范大学出版社 / 魔法象童书馆出品，2015 年 9 月版

《鳄鱼怕怕 牙医怕怕》P23

〔日〕五味太郎 / 著・绘，上谊编辑部 / 译

明天出版社 / 信谊图画书出品，2013 年 7 月版

《蜂蜜山》P83

〔奥〕汉斯・雅尼什 / 著，〔奥〕赫尔嘎・班石 / 绘，王星 / 译

广西师范大学出版社 / 魔法象童书馆出品，2015 年 9 月版

《咕叽咕叽》P208

陈致元 / 著・绘

明天出版社 / 信谊图画书出品，2012 年 6 月版

《咕噜牛》P67

〔英〕朱莉娅・唐纳森 / 著，〔德〕阿克塞尔・舍夫勒 / 绘，任溶溶 / 译

外语教学与研究出版社，2007 年 5 月版

《骨碌骨碌》P199

〔日〕新井洋行 / 著・绘，彭懿 / 译

长江少年儿童出版社 / 晨光出版社，2014 年 8 月版

《好想吃榴莲》P203

刘旭恭 / 著・绘

明天出版社 / 信谊图画书出品，2012 年 6 月版

《和爸爸一起去森林：发现神奇的生物世界》P228

〔日〕松冈达英 / 著，丁虹 / 译

新星出版社 / 爱心树童书出品，2015 年 4 月版

《候鸟》P204

〔奥〕米切尔·洛尔 / 著·绘，喻之晓 / 译

广西师范大学出版社 / 魔法象童书馆出品，2016 年 1 月版

《呼啦啦，画画啦！》P96

〔韩〕文胜妍 / 著，〔韩〕苏西·李 / 绘，徐丽红 / 译

广西师范大学出版社 / 魔法象童书馆出品，2015 年 4 月版

《湖畔的守护者》P210

〔澳〕菲尔·卡明斯 / 著，〔澳〕珍妮·道森 / 绘，林昕 / 译

湖北少年儿童出版社 / 海豚传媒出品，2014 年 1 月版

《花婆婆》P164

〔美〕芭芭拉·库尼 / 著·绘，方素珍 / 译

河北教育出版社 / 启发童书馆，2014 年 12 月版

《驾驶机器人看恐龙》P228

〔日〕松冈达英 / 著·绘，宗文玉 / 译

河北教育出版社 / 启发童书馆，2013 年 4 月版

《今天我们没有安排》P137

〔澳〕简·古德文 / 著，〔澳〕安娜·沃克 / 绘，柳漾 / 译

广西师范大学出版社 / 魔法象童书馆出品，2016 年 3 月版

《咔嚓咔嚓爷爷的恐龙王国》P229

〔日〕松冈达英 / 著·绘，彭懿 / 译

河北教育出版社 / 启发童书馆，2016 年 1 月版

《了不起的一天》P133

〔法〕安德烈·德昂 / 著·绘，周英 / 译

广西师范大学出版社 / 魔法象童书馆出品，2016 年 3 月版

《妈妈》P88

林良 / 著，赵国宗 / 绘

明天出版社 / 信谊图画书出品，2013 年 10 月版

《美味的仙女馅饼》P21

〔法〕米夏埃尔・埃斯科菲耶 / 著，〔法〕克里斯・迪・贾科莫 / 绘，李旻谕 / 译
广西师范大学出版社 / 魔法象童书馆出品，2015 年 9 月版

《母鸡萝丝去散步》P111

〔英〕佩特・哈群斯 / 著・绘，上谊编辑部 / 译
明天出版社 / 信谊图画书出品，2009 年 1 月版

《那一天，我失去了超能力》P205

〔法〕米夏埃尔・埃斯科菲耶 / 著，〔法〕克里斯・迪・贾科莫 / 绘，李旻谕 / 译
广西师范大学出版社 / 魔法象童书馆出品，2015 年 1 月版

《奶奶的帽子》P210

〔奥〕汉斯・雅尼什 / 著，〔奥〕赫尔嘎・班石 / 绘，王星 / 译
广西师范大学出版社 / 魔法象童书馆出品，2015 年 4 月版

《你有害怕吗？》P146

〔德〕拉菲克・沙米 / 著，〔德〕卡琳・谢尔勒 / 绘，王星 / 译
广西师范大学出版社 / 魔法象童书馆出品，2015 年 4 月版

《你在这里呀！》P53

〔瑞士〕洛伦茨・保利 / 著，〔瑞士〕卡琳・谢尔勒 / 绘，王星 / 译
广西师范大学出版社 / 魔法象童书馆出品，2016 年 3 月版

《山中旧事》P109

〔美〕辛西娅・赖兰特 / 著，〔美〕黛安娜・古德 / 绘，漆仰平 / 译
贵州人民出版社 / 蒲公英童书馆出品，2015 年 8 月版

《逃家小兔》P202

〔美〕玛格丽特・怀兹・布朗 / 著，〔美〕克雷门・赫德 / 绘，黄迺毓 / 译
明天出版社 / 信谊图画书出品，2013 年 6 月版

《兔子喜欢做的事》P130、P131

〔英〕乔・恩普森 / 著・绘，余治莹 / 译
广西师范大学出版社 / 魔法象童书馆出品，2016 年 1 月版

《外公》P214

〔英〕约翰・伯宁罕 / 著・绘，林良 / 译

河北教育出版社 / 启发童书馆，2008 年 9 月版

《外星人的一天》P134

〔日〕喜多村惠 / 著・绘，柳漾 / 译

广西师范大学出版社 / 魔法象童书馆出品，2016 年 1 月版

《为爱朗读》P65

〔韩〕金仁子 / 著，〔韩〕李真希 / 绘，薛舟 / 译

广西师范大学出版社 / 魔法象童书馆出品，2015 年 4 月版

《问个不停的小鳄鱼》P92

〔美〕埃莉莎・克莱文 / 著・绘，柳漾 / 译

广西师范大学出版社 / 魔法象童书馆出品，2016 年 3 月版

《我不想当小孩》P30

〔美〕乔恩・艾吉 / 著・绘，柳漾 / 译

广西师范大学出版社 / 魔法象童书馆出品，2015 年 9 月版

《我的城市是什么颜色的？》P103

〔意〕墨克 / 著・绘，赖羽青 / 译

广西师范大学出版社 / 魔法象童书馆出品，2015 年 9 月版

《雾中的刺猬》P79

〔俄〕谢尔盖・科兹洛夫、尤里・诺尔斯金 / 著，〔俄〕佛兰西斯卡・亚布索娃 / 绘，韦苇 / 译

广西师范大学出版社 / 魔法象童书馆出品，2015 年 1 月版

《下雨天》P73

〔韩〕李惠利 / 著・绘，徐丽红 / 译

广西师范大学出版社 / 魔法象童书馆出品，2015 年 1 月版

《小黑鱼》P174

〔美〕李欧・李奥尼 / 著・绘，彭懿 / 译

南海出版公司 / 爱心树童书出品，2010 年 1 月版

《小蓝和小黄》P105

〔美〕李欧·李奥尼 / 著·绘，彭懿 / 译

明天出版社 / 信谊图画书出品，2008 年 8 月版

《小猫走路没有声音》P100

林焕彰 / 著·绘

福建少年儿童出版社，2015 年 11 月版

《小羊睡不着》P200

〔日〕喜多村惠 / 著·绘，柳漾 / 译

广西师范大学出版社 / 魔法象童书馆出品，2016 年 3 月版

《小鱼散步》P209

陈致元 / 著·绘

明天出版社 / 信谊图画书出品，2013 年 11 月版

《小纸船看海》P143

林良 / 著，郑明进 / 绘

福建少年儿童出版社，2015 年 12 月版

《幸福在哪里？》P152

〔韩〕金喜卿 / 著，〔韩〕池研俊 / 绘，薛舟 / 译

广西师范大学出版社 / 魔法象童书馆出品，2016 年 3 月版

《雪人》P118

〔英〕雷蒙·布力格 / 著·绘

明天出版社 / 信谊图画书出品，2009 年 11 月版

《有麻烦了！》P204

〔波兰〕伊娃娜·奇米勒斯卡 / 著·绘，徐丽红 / 译

广西师范大学出版社 / 魔法象童书馆出品，2015 年 9 月版

《月光男孩》P127

〔丹麦〕依卜·斯旁·奥尔森 / 著·绘，杨玲玲、彭懿 / 译

长江少年儿童出版社 / 海豚传媒出品，2017 年 2 月版